Tabuisierte Sprachvarietäten im Russischen und ihre Übersetzung ins Deutsche

Sebastian Wagner

Tabuisierte Sprachvarietäten im Russischen und ihre Übersetzung ins Deutsche

Ein theoretischer Abriss und
Übersetzung ausgewählter Textpassagen
aus Ėduard V. Limonovs Werk
Ėto ja — Ėdička ins Deutsche

Bibliografische Information der Deutschen Nationalbibliothek
Die Deutsche Nationalbibliothek verzeichnet diese Publikation
in der Deutschen Nationalbibliografie; detaillierte bibliografische
Daten sind im Internet über http://dnb.d-nb.de abrufbar.

ISBN 978-3-631-67495-6 (Print)
E-ISBN 978-3-653-06786-6 (E-Book)
DOI 10.3726/978-3-653-06786-6

© Peter Lang GmbH
Internationaler Verlag der Wissenschaften
Frankfurt am Main 2016
Alle Rechte vorbehalten.
PL Academic Research ist ein Imprint der Peter Lang GmbH.

Peter Lang – Frankfurt am Main · Bern · Bruxelles · New York ·
Oxford · Warszawa · Wien

Das Werk einschließlich aller seiner Teile ist urheberrechtlich
geschützt. Jede Verwertung außerhalb der engen Grenzen des
Urheberrechtsgesetzes ist ohne Zustimmung des Verlages
unzulässig und strafbar. Das gilt insbesondere für
Vervielfältigungen, Übersetzungen, Mikroverfilmungen und die
Einspeicherung und Verarbeitung in elektronischen Systemen.

Diese Publikation wurde begutachtet.

www.peterlang.com

О русском мате ...

> По моему мнению, умные люди матерщины не употребляют ни в своей речи, ни в СМИ!!
>
> Светлана, 50 лет

> Русский мат имеет очень обширный лексикон как нигде в мире. Но его используют в основном необразо-ванные и некультурные люди. Но бывают, конечно, исключения. Лично я не люблю материться.
>
> Кристина, 24 года

> Русский мат утвердился в жизни русских довольно прочно, ведь выразить КРАТКО и БЫСТРО свои эмоции можно именно русским матом, который иногда принимает самые невообразимые формы и порождает множество новых слов в языке. Но использовать русский мат нужно лишь в меру, чтобы не испортить речь пошлостью и некультурностью, использовать его надо лишь в малых дозах, как острую приправу к блюду.
>
> Вадим, 24 года

> Талантливое употребление мата мне очень нравится. Но меня раздражает, когда используют без меры и в при-сутствии детей. Я редко матерюсь.
>
> Андрей, 42 года

> Русский мат, каким бы богатым его не называли, имеет в своей основе лишь несколько слов, а все остальные – их производные. Да, используя такие слова, можно описать любое событие и выразить почти любую мысль. Однако это не делает русский язык богаче, а приводит к его оскудению. К сожалению, в настоящее время нецензурные слова являются часто употребляемыми в речи многих русских людей, и далеко не все из них сдерживают себя даже при детях, которые, слыша это, начинают считать низкий словарный запас и нецензурную лексику нормальными. На мой взгляд, такой факт приводит к деградации общества и вырождению нации.
>
> Николай, 27 лет

> Мое отношение к мату – резко негативное. Мат можно сравнить с плеткой или иголкой. Меня он оскорбляет. Я матом не ругаюсь, хотя есть отдельные случаи, когда я его использую. И потом мне за эту несдержанность очень стыдно!
>
> Олег, 35 лет.

> Как элемент речи мат всегда стилистически окрашен. Это аксиома. В русской речи мат занимает далеко не последнее место. Я думаю, что условно, матерящихся людей можно разделить на два типа: тех, кто ругаются матом в силу своего низкого социального положения и необразованности и тех, кто используют мат в редких случаях, как способ выражения своих эмоций. [...] Я думаю, что в России каждый человек относится с пониманием к употреблению мата и осознает тот факт, что бывают ситуации, когда мат уместен. Самое главное не переборщивать, не злоупотреблять.
>
> Алена, 20 лет

> К мату я отношусь в принципе негативно. Правда бывает, что я иногда сама использую пару слов, когда что-то не получается или если разозлюсь. Но я считаю, что если использовать мат, то нужно это делать в определённых рамках. Я не люблю, когда люди разговаривают только матом, так это звучит очень вульгарно и некрасиво. Такие люди, как правило, вызывают у меня отвращение и мне неохота с ними общаться.
>
> Анастасия, 27 лет

> Мат, как алкоголь, способ на время освободится от смирительной рубашки общества. Но ни то и ни другое ты будешь делать перед мамой.
>
> Петр, 24 года

Моё мнение относительно русского мата очень неоднозначно, что, впрочем, скорее всего, может признать большая часть населения нашей страны. Безусловно, существуют сферы, в которых употребление нецензурной лексики совершенно недопустимо – образование, сфера обслуживания, средства массовой коммуникации и т.д. Однако, в некоторых случаях достичь нужного уровня экспрессивной окрашенности можно только с помощью мата, например, в анекдотах. Заменив мат более мягким словом можно потерять весь смысл, весь «смак» шутки. С другой стороны, наиболее неприятные моменты моей жизни, пережитые оскорбления, безусловно, тоже сопровождались нецензурной бранью. Так что такое явление как русский мат крайне неоднозначно, интересно и исследования, связанные с его употреблением, безусловно необходимы.

Евгения, 36 лет

Мое отношение к мату довольно нейтральное. Есть люди, которые ругаются матом и являются при этом добросовестными и честными людьми и точно так же наоборот. Тем не менее, можно сказать, что мат может быть использован к месту, а может выглядеть по-идиотски. В конечном итоге любое отношение каждого человека чисто субъективное – так же это и с матом и с тем, кто его слышит, кто для кого является идиотом, кто по каким чертам расценивает человека, расценивает ли он его вообще и т.д.

Александр, 25 лет

Так, что я думаю о мате? Очень не люблю, когда ругаются матом, а тем более, когда на нём разговаривают. Но я считаю, что мату всё же есть место и это часть русского языка. В некоторых ситуациях, свои чувства и эмоции можно выразить только матом. Главное не преувеличивать и знать меру, при каких обстоятельствах и в каких кругах его употреблять.

Светлана, 24 года

Несмотря на то, что нецензурную брань пытаются искоренить и запретить в России, эти попытки обречены на неудачу. Ведь брань – древняя и необходимая часть любого языка, и русский мат не исключение. Более того, он имеет древнее мифологическое происхождение, а значит, как это ни парадоксально, является частью культурологической системы национального языка. Иное дело: каждый говорящий обязан знать, что употребление мата – это своеобразный языковой паспорт, по которому его собеседники определяют социальный статус и культуру каждого из нас. На том, кто насыщает свою речь матизмами, лежит печать бескультурья. Моё мнение таково: знать русский мат нужно, чтобы точно ставить социальный диагноз своим собеседникам, политикам, шоуменам и публицистам, его употребляющим. Но употреблять его не следует.

В.М. Мокиенко, проф. СПбГУ

Я считаю мат очень хорошим и сильным выразительным средством, и поэтому, думаю, надо употреблять его дозированно и очень точечно. Конечно, нужно употреблять мат в прямой речи (если приходится передавать прямую речь народа, крестьян. Но не только: в речи городской интеллигенции сейчас много мата, и это хорошая речевая характеристика.) В авторской же речи, на мой вкус, нужно употреблять мат очень осторожно. Чем реже употребляешь матерные слова, тем сильнее эффект. Писатели, которые употребляют мат много (и виртуозно), тоже могут написать хороший текст, но обилие мата все же утомляет, как утомляет изобилие пряностей. В устной речи – примерно то же. «Грязная» речь не обязательно матом создается.

Т.Н. Толстая, писательница

Vorwort

Vorliegende Publikation ist einem aktuellen Problem innerhalb der Linguistik gewidmet. Die russische Sprachwissenschaft beschäftigte sich in der Sowjetzeit in erster Linie mit der Standardsprache (in sowjetischer Terminologie: Literatursprache). Die sub- und nichtstandardsprachlichen Varietäten (inklusive invektive und Tabulexik) wurden kaum erforscht. Eine intensive Beschäftigung mit solchen Fragestellungen wurde erst mit Beginn der Perestrojka möglich, die den bis dahin geltenden (ideologischen) Beschränkungen und dem im sprachlichen Bereich praktizierten Reinheitskult ein Ende setzte. Der Wegfall dieser Restriktionen sowie die Durchsetzung von Glasnost' und Pluralismus hatten eine verstärkte Hinwendung zu varietätenbezogenen soziolinguistischen Themen zur Folge.

Es ist daher sehr zu begrüßen, dass der Verfasser der vorliegenden Monographie sich der nonstandardsprachlichen Problematik mit Schwerpunktsetzung auf den MAT annimmt und am Beispiel von Werken eines bekannten Schriftstellers untersucht.

Die Publikation ist in 5 Abschnitte gegliedert, wobei neben einer übersichtlich gehaltenen Einleitung und der präzisen Auswertung zwei theoretisch-referierende Kapitel (Kapitel 2: Der MAT im Sprachsystem des Russischen; Kapitel 3: Der MAT als tabuisierte und zugleich ubiquitäre Sprachvarietät) und ein empirisch-analytisches Kapitel (Der MAT in Eduard V. Limonovs Werk „Eto ja – Edička") den Schwerpunkt der Monographie bilden.

Die Veröffentlichung besteht weiterhin aus einem abschließenden Resümee mit Ergebnisauswertung und -zusammenfassung, einem 40 Positionen umfassenden Quellen- und Literaturverzeichnis sowie einer Abkürzungsliste.

Von der Beschreibung der System- und Normenproblematik über die Einordnung des MAT in das sprachliche Varietätensystem des Russischen, die Beschreibung der etymologischen, semantischen, funktionalen und derivativen Besonderheiten der Matismen spannt der Verfasser den Bogen bis hin zur Betrachtung von Matismen im literarischen Werk eines russischen Schriftstellers.

In den dem Zentralkapitel vorgeschalteten Abschnitten offeriert der Verfasser dem Leser eine sich auf die einschlägige lexikologische, semantische sowie varietäten- und soziolinguistische Fachliteratur stützende überzeugende Bestimmung und Charakterisierung des MAT als eine nichtstandardsprachliche Existenzform des Russischen sowie eine detaillierte Beschreibung und Klassifizierung der Matismen und ihrer Funktionen. Dabei geht er ausführlich auch auf deren Herkunft, Wortbildung, Bedeutung sowie Verbreitung, Verwendung und Tabuisierung ein.

Von solider Systemkenntnis und sprachwissenschaftlich geschärftem Blick des Verfassers zeugen die gut durchstrukturierten und die theoretische Grundlage der Monographie bildenden Kapitel 2 und Kapitel 3, in welchem nachvollziehbar begründet wird, warum der MAT in einem dreistufigen Varietätenmodell des Russischen verortet werden sollte. Der Verfasser hat Recht, wenn er argumentiert, dass das von manchen Autoren bevorzugte zweistufige Varietätenmodell Standard-Substandard ihm nicht als kritiklos hinnehmbar erscheint und stattdessen das dreistufige Modell Standard-Substandard-Nonstandard für das Russische präferiert werden sollte. Die produktive Anwendung des Drei-Stufen-Modells auf sein Thema und die dabei erzielten Ergebnisse sind ein weiterer Beleg dafür, dass dieses Modell das für das Russische geeignetere ist.

Im mit großer philologischer Sorgfalt verfassten zweiten Kapitel ist es dem Autor gelungen aufzuzeigen, dass und wie sich der synthetische Charakter des Russischen sogar im MAT reflektiert. Der Leser ist beeindruckt von der Darstellung der nahezu grenzenlosen Wortbildungsmöglichkeiten innerhalb des MAT, obwohl nur wenige Primärlexeme zur Verfügung stehen.

Die Beschreibung des konkreten Matismengebrauchs, d.h. die Analyse der spezifischen belletristischen Verwendung von Matismen in Prosawerken (d.h. fiktionalen Textsorten) des Schriftstellers Limonov, sehr erfolgreich und akribisch realisiert im Kapitel 4, beinhaltet neben Aussagen über den Autor, über das Korpus und den Umgang mit ihm auch den vom Verfasser mit Recht als Herausforderung bezeichneten Versuch der Übersetzung einer signifikanten Zahl der im Korpus angetroffenen Matismen ins Deutsche (94 Beispielsätze).

Der Verfasser meistert diese Herausforderung in überzeugender Weise, weil er neben der linguistischen Seite (inklusive Kontextbezogenheit, Situativität, Besonderheiten des Deutschen) auch die kulturelle Seite berücksichtigt.

Insgesamt betrachtet, ist die vorliegende Monographie ein erhellender Beitrag zur Varietätenforschung im Russischen.

Merseburg, d. 28.02.2016

Dr. Hellmut Eckert
Wissenschaftlicher Mitarbeiter für russische Sprachwissenschaft am Seminar für Slavistik der Martin-Luther-Universität zu Halle-Wittenberg (1972–2015)
Lehrbeauftragter am Seminar für Slavistik (seit Oktober 2015)

Inhaltsverzeichnis

1. Einleitung 11
2. Der MAT im Sprachsystem des Russischen 15
   2.1 Versuch einer Definition und Abgrenzung zum obszönen Lexikon 15
   2.2 Etymologie 19
      2.2.1 Lexeme mit slavischer Herkunft 19
      2.2.2 Lexeme mit fremdsprachlicher Herkunft 22
      2.2.3 *Ёб твою мать* 23
   2.3 Wortbildung 26
      2.3.1 Substantive 28
         2.3.1.1 Suffigierung 28
         2.3.1.2 Analogiebildung 29
         2.3.1.3 Verballhornung 31
         2.3.1.4 Komposition 32
      2.3.2 Verben 33
         2.3.2.1 Ableitung von Primärverben 33
         2.3.2.2 Denominative Bildung 34
      2.3.3 Adjektive 36
      2.3.4 Adverbien und Partikeln 37
      2.3.5 Interjektionen 37
   2.4 Semantik 37
      2.4.1 Obszönes für Nichtobszönes 38
         2.4.1.1 Substantive 38
         2.4.1.2 Verben 41
         2.4.1.3 Adjektive und Partizipien 50
         2.4.1.4 Adverbien und Partikeln 52
         2.4.1.5 Füllwörter und Interjektionen 53
         2.4.1.6 Wortverbindungen und stabile Wendungen 53
      2.4.2 Nichtobszönes für Obszönes 55
         2.4.2.1 Die Geschlechtsorgane betreffende Lexeme 56
         2.4.2.2 Den Geschlechtsverkehr betreffende Lexeme 58
      2.4.3 Obszönes für Obszönes 61
         2.4.3.1 Substantive 61
         2.4.3.2 Verben 64
         2.4.3.3 Adjektive und Partizipien 67

2.5 Funktionen 68
    2.5.1 Betitelung sexueller und skatologischer Signifikanten 70
    2.5.2 Expressivität 71
    2.5.3 Verspottung 72

3. Der MAT als tabuisierte und zugleich ubiquitäre Sprachvarietät 73

3.1 Verbreitung und Verwendung 73

3.2 Tabuisierung 80

4. Der MAT in Ėduard V. Limonovs Werk *Это я - Эдичка* 87

4.1 Über den Autor Ėduard V. Limonov 87

4.2 Kurzer Abriss über das Werk 93

4.3 Im Werk verwendete Matismen und deren Bedeutungen 94
    4.3.1 Zur äquivalenten Übersetzung von Matismen 94
    4.3.2 Funktionen im Allgemeinen 96
    4.3.3 Bedeutungsübersetzungen ausgewählter verwendeter Matismen .. 97
        4.3.3.1 *Пизда* und Derivative 98
        4.3.3.2 *Хуй* und Derivative 100
        4.3.3.3 *Ебать* und Derivative 108
        4.3.3.4 *Блядь* und Derivative 112
        4.3.3.5 Weitere obszöne Lexeme 114

5. Abschließendes Resümee 119

Abkürzungsverzeichnis 125

Literaturverzeichnis 127

1. Einleitung

> *Невозможно жить без мата –*
> *Как вчера было пиздато!*
> *Не найдёшь другого слова,*
> *Если утром так хуёво.*[1]

Das angeführte Zitat entstammt einem Lied der russischen Ska-Punk-Band Ленинград und besagt, dass ein Leben ohne *мат* nicht möglich sei. Doch ist ein Leben ohne ihn wirklich nicht möglich? Welche Funktionen erfüllt er, dass man dies über ihn sagt? Die angeführten subjektiven Meinungen[2] über ihn zeigen zumindest, dass ihn jeder kennt und seine einfallsreiche Verwendung, d. h. in bestimmten Dosen und Situationen, sowohl in der mündlichen als auch Schriftsprache und Literatur, durchaus nicht negativ beurteilt wird. Dennoch könne man ihn missbrauchen und falsch verwenden. Er sei wie eine scharfe Würze zu einem Essen und müsse genau deswegen vorsichtig verwendet werden. Sein Lexikon sei riesig und er könne so gut wie jeden normsprachlichen Gedanken ersetzen. Zudem sei es mithilfe des *мат* auf besondere Weise – manchmal sogar durch ihn – möglich, und das im Gegenzug zu normsprachlichen Worten, Emotionen in Worte zu fassen sowie Expressivität auszudrücken. Indes gibt es aber auch solche Russen, die ihn für eine Schande der Sprache halten und für die er zu einer Degradierung der Gesellschaft und Entartung der Nation führe. Doch wie definiert sich der *мат* überhaupt und warum sprechen sich einige gegen ihn aus, wenn er doch Teil des Russischen ist? In welchen Situationen ist er erlaubt? Entstammen die betreffenden Lexeme dem Slavischen oder kam der *мат* durch andere Völker ins Russische bzw. die slavischen Sprachen? Und wenn sein Lexikon so reichhaltig ist, gibt es auch in dieser nicht kodifizierten Varietät des Russischen de facto Wortbildungsregeln und eine klar strukturierte Semantik? Wer verwendet ihn und warum existiert er noch, wenn er doch unerwünscht – tabuisiert – ist und die Staatsduma 2013 sogar ein Gesetz verabschiedete, dass seine Verwendung in den Massenmedien untersagt?

Der Sprachwissenschaftler V. M. Mokienko von der St. Petersburger Staatlichen Universität meint, dass der *мат* seine Wurzeln noch in alten Zeiten habe –

---

1 Teksty pesen: Tekst pesni Leningrad – Bez mata.
2 Die aufgeführten Meinungen entstammen einer Befragung von Muttersprachlern über das Internet. Aus Anonymitätsgründen sind in den meisten Fällen nur der Vorname und das Alter angegeben.

und genau dort soll diese Ausarbeitung, nachdem der Versuch unternommen wird, den *мат* als Sprachvarietät des Russischen zu definieren, auch beginnen. Es wird einen Überblick über die Etymologie slavischer Matismen – im engeren und weiteren Sinne, wie im nächsten Kapitel darlegt wird – geben, dabei auch fremdsprachliche obszöne Lexeme erwähnt und die magische Redewendung *еб твою мать* näher beleuchtet werden. Ich werde aufzeigen, dass der *мат* eine rein slavische und in Teilen sogar indogermanische Herkunft besitzt, und dass die soeben erwähnte Redewendung eine von mehreren Forschern durchaus glaubhaft beschriebene mythologische Herkunftsgeschichte besitzt. Denn bei genauer Betrachtung stellt man fest, dass der Redewendung in der heutzutage üblichen Form ein Subjekt fehlt, was für das Russische zwar nicht untypisch, aber gänzlich ohne Kontext dennoch nicht möglich ist.

Daran anschließend werde ich mich dem reichhaltigen Wortschatz des russischen *мат* widmen und Wortbildungsverfahren sowie seine Semantik untersuchen. Auf Seiten der Wortbildung wird deutlich werden, wie produktiv die wenigen den *мат* manifestierenden Lexeme sind, und welche Verfahren es innerhalb der einzelnen Wortarten gibt, neue Lexeme zu bilden. Das umfangreiche Subkapitel, das sich mit der Semantik beschäftigt, wird aufzeigen, dass die Bedeutung von Matismen – besonders im übertragenen Sinne gebrauchte – oftmals durch eine Interpretation herausgefunden werden muss, da einzelne Lexeme mehrere Bedeutungen besitzen, die wiederum nicht (vollends) schriftlich fixiert sind. Durch unterschiedliche Affixe kann die Bedeutung von Lexemen auch im *мат* besonders differenziert werden. Dabei haben Affixe jedoch nicht immer ihre eigentliche Bedeutung, da die Wortbildung durch Analogiebildung stattfinden kann. Letztendlich wird sich zeigen, dass vermittels von Matismen eher Gedanken der Bereiche des alltäglichen Lebens abgedeckt werden können, die mit physischer „Arbeit" zu tun haben.

Im nächsten Kapitel werde ich mich der Verwendung, Verbreitung und Tabuisierung der Matismen widmen. Es wird deutlich werden, dass Matismen die russische Kultur schon sehr lange begleitet haben und weiterhin begleiten werden, und dass – wider die eigentliche Annahme, dass nur Männer Matismen benutzen – auch Frauen schon lange keinen Bogen um ihre Verwendung machen, was daran liegt, dass eine Tabuisierung nicht bereits vorlag, als sich diese Lexeme herausbildeten, sondern erst später stattfand. Dennoch wird deutlich, dass es bestimmte soziale Gruppen gibt, die Matismen stärker verwenden als andere.

Das vierte Kapitel widmet sich der Übersetzung von *мат* in eine andere Sprache. Dabei wird sich zeigen, wie schwer es ist, Matismen in eine andere Sprache zu übertragen. Denn es stellt sich hier nicht nur eine linguistische sondern ebenso kulturelle Aufgabe. Schimpfsprache muss auch als solche übersetzt werden, was sich – darunter im Besonderen bei rein formalsexuellen und formalskatologischen Lexemen – als kompliziert erweist. Dostoevskij soll einmal ein Gespräch zwischen mehreren Arbeitern mitbekommen haben, dass nach seinen Worten nur aus einem einzigen Wort bestand. In Wirklichkeit war es natürlich nicht nur ein Wort, aber unterschiedlich intonierte Derivative eines einzigen primären Lexems, die völlig unterschiedliche Bedeutungen haben. Sinngemäß könnte das Gespräch in etwa folgendes gewesen sein:

Хуйня!
Ни хуя!
Хуй!
На хуй!
Ни хуя себе!
Какого хуя![3]

Zur Übersetzung in eine andere Sprache müssen deshalb unbedingt die Funktionen des verwendeten Matismus mit einbezogen und die kulturellen Begebenheiten beachtet werden. Es wird sich zeigen, dass deshalb eine buchstäbliche Übersetzung nicht immer möglich ist. Um dies zu demonstrieren, widme ich mich dem Werk *Это я – Эдичка* von È. V. Limonov, in dem Matismen vorkommen. Der Schriftstellerin T.N. Tolstaja zufolge sind sie ein sehr gutes und starkes Ausdrucksmittel – aber nur gut dosiert verwendet, wenngleich sie in der Literatur nur vorsichtig angewandt werden dürfen. Und je weniger sie verwendet werden, desto stärker sei ihr Effekt. Bei Limonov, einem Skandalautor, ist genau dies aber nicht der Fall. Es gibt nahezu keine Seite, auf der nicht mindestens ein Matismus auftaucht. Welche Gründe es dafür gibt, welche Funktionen Matismen bei ihm erfüllen und wie man diese ins Deutsche übersetzen kann, versuche ich abschließend zu klären.

---

3   Timroth (1983), S. 106 f.

2. Der MAT im Sprachsystem des Russischen

2.1 Versuch einer Definition und Abgrenzung zum obszönen Lexikon

> *Когда чувство нормы воспитано в человеке,*
> *тогда-то начинает он чувствовать всю*
> *прелесть обоснованных отступлений от нее.*
>
> *Л.В. Щерба*[4]

In Verbindung mit dem obszönen Lexikon des Russischen wird zumeist der Begriff *мат* genannt oder auch als Synonym für jenen verwendet[5], obwohl die Relation zum obszönen Wortschatz noch nie deutlich war.[6] Der Bereich des *мат* ist von der russischen Sprache nicht zu trennen[7], in der Wissenschaft stark umstritten sowie mit einem Tabu belegt. Die Forschung dazu ist gering und die Sprachwissenschaft befasst sich mit Matismen nur karg.[8] Die Rektorin der St. Petersburger Universität L. A. Verbickaja meint dazu sogar, dass der *мат* Gegenstand der Forschung werden müsse. Denn eine wissenschaftliche Untersuchung solcher Lexeme führe näher an ein Verständnis ihres Wesens und ihrer Funktionen im Sprachsystem heran.[9] Ungeachtet dessen werden in verschiedenen Wörterbüchern unterschiedliche Definitionen genannt, die weder eindeutig noch einheitlich sind. Die Ungleichheiten im Verständnis von *мат* beruhen dabei auf zwei Fragestellungen. Zum einen stellt sich die Frage, ob als Mutterflüche lediglich die Wendungen bezeichnet werden, welche invektive Verbindungen aus Koitus und Mutter beinhalten (= *материщина*). Und zum anderen ist ungewiss, ob nur genitalsexuelle oder ebenso skatologische Lexeme und die des sexuellen Milieus als Matismen gefasst werden können (= *матерные слова*).[10]

In Wörterbüchern finden sich unter dem Begriff *мат* nur kurze oder gar keine Erklärungen. So beschreibt Ožegov ihn in seinem Wörterbuch als „неприлично-гнусная брань с упоминанием слова ʻматьʼ"[11], währenddessen im vierbändigen

---

4 Devkin (2005), S. 288.
5 vgl. Ermen (1993), S. 8.
6 vgl. Oxen (2001), S. 611.
7 vgl. ebd. S. 612.
8 vgl. Koester-Thoma (1995), S. 147.
9 vgl. Mokienko u. Nikitina (2008), S. 4.
10 vgl. Ermen (1993), S. 8.
11 Ožegov (2010), S. 285.

Wörterbuch von V. I. Dal' das Wort nur unter anderen (nicht obszönen) Bedeutungen aufgeführt ist. Für andere Lexikographen steht der Begriff *мат* für die *неприличная брань* oder *неприличная брань, содержащая слово мать*. *Мат* ist somit nur Synonym für *матерщина*. Allein die Grammatik der russischen Sprache dehnt den Begriff weiter aus, indem sie ebenfalls von *сквернословие* spricht, was als „mit unanständigen Lexemen durchsetzte Rede" übersetzt werden kann, und dem Phänomen *мат* deutlich näher kommt.[12]

Für Dreizin und Priestley besteht der *мат* aus sexuellen und skatologischen Lexemen sowie dem Wort *блядь*. Sie definieren *мат* nicht als Wortfeld sondern als System:

> What interests us is the means of communication via "mat" of common everyday meanings, which transcend the means of direct abuse and of sex. We see in `mat´ a particular form of expressive, substandard language – one that is essentially neutral vis-à-vis the communicated referential meaning.[13]

Plucer-Sarno bestimmt den *мат* ähnlich wie Dreizin und Priestley. Er versteht darunter eine ganze Palette obszöner Lexik, betont aber gleichzeitig, dass er nicht bemüht sei, eine objektive, wissenschaftliche Definition zu finden, da *мат* ein subjektiver Begriff sei. Ein Ausdruck gehöre genau dann zum *мат*, wenn er individuell als solcher wahrgenommen und bezeichnet werde. Dennoch teilt er ihn in zwei Gruppen auf, wobei lediglich zur ersten die eigentlichen *мат*-Ausdrücke gehören. Ihr werden dabei diejenigen expressiven Wörter zugeordnet, die dem Milieu sexueller Tätigkeiten entstammen, währenddessen zur zweiten Gruppe skatologische Ausdrücke gehören. Um die Grenze zwischen *мат* und obszönem Lexikon, das dem *мат* nahe kommt, genauer zu ziehen, dürfe man Plucer-Sarno zufolge auch die Häufigkeit der Ausdrücke bezüglich ihrer Verwendung im Alltag sowie ihre Produktivität in Bezug auf die Wortbildung nicht außer Acht lassen. Die beiden Gruppen können Synonyme bilden, vgl. *хуй/ссака* `Penis´, *ебальник/пердильник* `Person´, *мудило/пердило* `unangenehme Person´ u.a., gehören zudem zu einem unterschiedlichen Tabu-System und besitzen ungleiche Expressivität sowie verschiedene stilistische Färbungen.[14]

Timroth schreibt in seinem Werk „Russische und sowjetische Soziolinguistik und tabuisierte Varietäten des Russischen", dass der *мат* „die Gesamtheit der im übertragenen Sinne gebrauchten Wörter *ебать*, […], *пизда*, […] und *хуй* […] und der von den Stämmen *ёб, еба-, пизд-* und *хуй* der Wörter *еть, ебать*,

---

12 vgl. Ermen (1993), S. 8.
13 ebd. (1993), S. 8.
14 vgl. Plucer-Sarno (2005b), S. 168–170 u. 172.

пизда und *хуй* abgeleiteten sexuellen Ausdrücke, die Nichtsexuelles bezeichnen"[15] sei. Auch Levin spricht davon, dass drei allbekannte Wurzen den Kern des *мат* bilden.[16] Obgleich er diese drei Wurzeln nicht erwähnt, meint er wohl dieselben wie Timroth. Nicht zuletzt benennen auch Mokienko und Nikitina die Lexeme *хуй*, *пизда* und *ебать* als Kern des *мат*.[17] Koester-Thoma und Plucer-Sarno subsumieren unter die motivierenden Stämme auch noch das Lexem *блядь*.[18] Der Zusammenhang mit Sexuellem sei, so Timroth, bei Mat-Ausdrücken formaler Art, denn er werde über das Bezeichnende hergestellt. Bei euphemistischen Modifikationen fehle dieser formale Bezug allerdings, vgl. *ёлки-палки* oder *муйня*, *фуйня* für *хуйня*, da eine ähnliche Lautgestalt bereits genüge, um den Bezug herzustellen.[19] Entgegen der Auffassung von Dreizin und Priestley gehören nach Timroth „skatologische Ausdrücke [...] – egal, ob sie Skatologisches oder Nichtskatologisches ausdrücken – nicht zum Mat"[20].

Ermen empfindet Timroths Begrenzung auf Sexuelles als konsequent, da die verwendeten Lexeme mit den skatologischen kontrastierten. Jedoch bleibt ihrer Meinung nach die Beschränkung auf die Mat-Ausdrücke *ебать*, *пизда* und *хуй* unklar, da auch Euphemismen dieser drei von Timroth angeführten Grundlexeme sexuelle Handlungen, Geschlechtsorgane und deren Teile bezeichnen, vgl. *хер* für *хуй* oder *едрить* für *ебать*.[21]

Wie in der wissenschaftlichen Literatur differiert ebenso im alltäglichen Sprachgebrauch die Bestimmung des Begriffes *мат*. So stellt er für viele Muttersprachler, besonders Muttersprachlerinnen, alles das dar, was anstößig, unmoralisch, ordinär ist – und die Vorstellung von Anstand ist erfahrungsgemäß sehr individuell.[22] So halten beispielsweise einige Muttersprachler bereits das Wort *гондон* für einen Matismus. Aus einer Umfrage sind die folgenden Ausdrücke, die Muttersprachler als Matismen ansehen, hervorgegangen: 1) *ебать*, 2) *блядь*, 3) *хуй*, 4) *пизда*, 5) *муде*, 6) *манда*, 7) *елда*, 8) *сиповка*, 9) *секиль* (*секель*), 10) *поц*, 11) *молофья* (*малафья*), 12) *дрочить*, 13) *залупа*, 14) *минжа*, 15) *пидор*, 16) *курва*, 17) *сперма*, 18) *гондон* (*гандон*), 19) *менстра*, 20) *хер*, 21) *куна*, 22) *срать*, 23) *ссать*, 24) *бздеть*, 25) *пердеть*, 26) *дристать*,

---

15 Timroth (1983), S. 108.
16 vgl. Levin (1998), S. 809.
17 vgl. Mokienko u. Nikitina (2004), S. 35.
18 vgl. Koester-Thoma (1995), S. 147 u. vgl. Plucer-Sarno (2005a), S. 77.
19 vgl. Timroth (1983), S. 109.
20 ebd. (1983), S. 109.
21 vgl. Ermen (1993), S. 9.
22 vgl. ebd. S. 9.

27) *говно (гавно)*, 28) *жопа*, 29) *целка*, 30) *королёвка (королек)*, 31) *трахать*, 32) *харить*, 33) *минет*, 34) *жрать*, 35) *блевать* u. a. Zur im oberen Abschnitt genannten Produktivität in Bezug auf die Wortbildung ist zu sagen, dass die ersten sieben genannten Ausdrücke mehrere tausend Derivative bilden, wogegen die restlichen nur einige hundert ausmachen.[23]

Dank der Möglichkeit, als Personalpronomen oder Verb zu fungieren, besitzen Matismen im Großen und Ganzen eine „alles ersetzende" Funktion.[24] Dabei gibt es Mat-Ausdrücke mit festem Sinngehalt, vgl. *спиздеть* ʽklauenʼ oder *на хуй* ʽwozuʼ und auch solche, deren Bedeutungen nur mithilfe des Kontextes zu verstehen sind, vgl. die Homonyme *пиздец* als ʽKlasse!ʼ oder ʽalles ist im Arschʼ oder die Synonyme *захуячить*, *захуярить*, welche viele Bedeutungen innehaben.[25]

Mam kann somit als interfachlicher Quasi-Jargon angesehen werden, was das folgende Beispiel demonstriert:

> *Ну-ка, въебачь сюда эту хуевину! А теперь ебни сверху и закрепи ее на хуй!*
> *Ну-ка, вставь сюда эту деталь! А теперь ударь ее сверху и плотно закрепи!*

Zudem besitzt die Sphäre des *мат* genügend Sprachmaterial für Sprachspiele, und ist fähig, unzählige Dysphemismen zu bilden, indem jedes beliebige litera-tursprachliche Wort „obszönisiert" wird, vgl. *на столике маслице да фуяслице*. Der modifizierte Ausdruck *фуяслице* ist hier nicht nur ein parodistischer Dys-phemismus, sondern bezeichnet alle anderen sich auf dem Tisch befindlichen Lebensmittel.[26] Auf die genauen Funktionen wird später im Kapitel 2.5 dieser Arbeit detaillierter eingegangen.

Da die meisten Wissenschaftler als Matismen die vier Worte *хуй*, *пизда*, *ебать* und *блядь* inklusive derer Derivative ansehen, möchte auch ich mich dieser Meinung anschließen, und all jene Lexeme als *мат im eigentlichen* oder *engeren Sinne* definieren. Sie weisen eine enorme Produktivität auf, besitzen eine ersetzende Funktion und erstrecken sich nicht nur auf die Aussage von Nichtsexuellen. Etwaige Euphemismen dieser Lexeme, Skatologismen sowie weitere Wörter wie *дрочить* gehören nicht zum engeren Verständnis von *мат*, sind aber in jedem Fall als obszöne Lexik zu verstehen und sollten – wenn überhaupt – als *мат im weiteren Sinne* aufgefasst werden. Bei dieser zweiten Kategorie spielt dann auch die von Plucer-Sarno genannte Wahrnehmung als etwas Obszönes eine Rolle, die nicht genügt, um *мат im engeren Sinne* zu definieren, da es ihr an Objektivität fehlt.

---

23 vgl. Plucer-Sarno (2005b), S. 168 u. 170.
24 vgl. ebd. S. 170.
25 vgl. Timroth (1983), S. 109.
26 vgl. Plucer-Sarno (2005b), S. 170 f.

2.2 Etymologie

> *Русский народ богохульства и ругани*
> *не терпел, не матюкался и не ёрничал,*
> *в речах своих избегал грязи и вульгарщины.*[27]

Unter den meisten Russen ist das Vorurteil, dass die obszöne Lexik durch die Tataren in die russische Sprache kam, usuell. Bei Uspenskij sind es allerdings nicht nur die Tataren, sondern ebenfalls hellenistische Griechen und Juden, die die Kunst des Fluchens nach Russland brachten. Die Kirche stigmatisierte die Nichtchristen und Heiden, und in der UdSSR galten die Matismen als Relikt des Kapitalismus. Nicht zuletzt ist es typisch menschlich, Negatives auf andere zu schieben, wobei dadurch gerade in Tabubereichen Vorurteile zustande kommen. Doch die russischen hochfrequenten obszönen Wörter sind gerade nicht Entlehnungen aus fremden Sprachen, sondern entstammen größtenteils dem Slavischen, in Teilen sogar dem Indogermanischen sowie einigen wenigen europäischen Sprachen. Ein turko-tatarischer Einfluss ist weder lexikologisch noch phraseologisch festzustellen. Vorpetrinische Lehnwörter aus den Altaisprachen betreffen zumeist das Kriegs- und Reiterwesen, die Verwaltung oder auch Luxusgüter. Etwaige spätere Entlehnungen aus dem türkischen Argot entstammen größtenteils dem Glücksspielmilieu.[28] Der russische *мат* hingegen entstand zugleich mit der Sprache des Volkes[29], was auch Birkenrindenurkunden beweisen, die 2005 im Gebiet von Velikij Novgorod gefunden wurden und auf denen mit Matismen geflucht wurde.[30]

Die etymologischen Bedeutungen der Matismen sind jedoch undeutlich, und ihre ursprüngliche Objektrelation ist abhandengekommen. Heute ähneln sie den Personalpronomen und sind eher hinweisend als sinnerfüllt. Die unziemliche Färbung hat sich hingegen erhalten.[31]

2.2.1 Lexeme mit slavischer Herkunft

Ermen zufolge haben die beiden Matismen *ебать* und *пизда* eine indogermanische Heimat. Sie besitzen in den meisten Slavinen Entsprechungen, vgl. **jábhati* (indogerm.)[32], **jeb-ti* (urslav.), *ебать* oder *ети* (russ.), *ябаць* (beloruss.),

---

27 Zacharova (1994), S. 170.
28 vgl. Ermen (1993), S. 12, 17 u. 20 u. Konjaev (2013).
29 vgl. Oxen (2001), S. 611.
30 vgl. Mokienko u. Nikitina (2008), S. 7 u. Žel'vis (2011), S. 294.
31 vgl. Devkin (1996), S. 113 u. vgl. Koester-Thoma (1995), S. 149.
32 Mokienko u. Nikitina (2004), S. 131.

jébati (sloven.), *jebać* (poln.), *jebaś* (niedersorb.) und **pi-sd* (urslav.), *пизда* (russ.), *nізда* (beloruss.), *pízda* (sloven.), *pizda* (poln.), *pizda* (niedersorb.). Ебать als russisches Wort hat dabei dieselbe Bedeutung wie im Indogermanischen, d.h. ʿschlagen, hauen, fickenʾ. Bis ins 18./19. Jahrhundert war allerdings die Form *emu* üblich. Erst im 20. Jahrhundert setzte sich die heute bekannte Form durch, und das kürzere Lexem *эти* zog sich zurück.[33] In Wörterbüchern des Obersorbischen finden diese Lexeme im Übrigen (mit anderen Bedeutungen) Erwähnung und sind literatursprachlich, vgl. *jebačny* ʿBetrogener, Getäuschterʾ, *jebak* ʿBetrügerʾ, *jebanstwo* ʿTäuschung, Betrugʾ, *jebac* ʿtäuschen, betrügen, belügenʾ. Im Ostslavischen hingegen sind diese Wörter Invektive.[34] Mokienko und Nikitina führen für das Wort *пизда* vier mögliche Abstammungen an. Es könne aus der Kindersprache kommen und vom Verb **pisati* ʿpullernʾ abgeleitet sein, wofür auch andere Modelle sprechen wie z.B. *писька* ʿDing zum Pullernʾ. Allerdings wäre auch möglich, dass es vom indogermanischen Wort **piḍáyati* ʿdrücken, pressenʾ abstammt. Parallelen gibt es aber ebenso zu den Verben *pistu* (lit.), *pist*, *pisu* (lett.) oder *pisti* (atsch.), die den Geschlechtsakt bezeichnen. Zuletzt bestünde auch, so Mokienko und Nikitina, eine Ähnlichkeit mit dem Verb **bъzděti*, welches die Bedeutung ʿpupsenʾ besitzt und auch in anderen slavischen und baltischen Sprachen vorkommt. Als Substantiv bezeichnet es auch das Gesäß, vgl. *prdel, prdelka* (tsch.), *пизда* (mak.), *бздея, пердильник* (russ.).[35] Ermen sieht diese vierte Abstammungsmöglichkeit jedoch wohl nicht, da sie schreibt, dass die obszönen Wörter *бздеть* ʿleise furzenʾ, *пердеть* ʿlaut furzenʾ und *сцать* ʿpissenʾ ein ähnlich hohes Alter besitzen wie *ебать* und *пизда*[36]; sie scheint sie also als eigenständige Lexeme zu begreifen. Leider konnte ich keine genauen Informationen über ihre Etymologie finden.

Aus dem Urslavischen, so Ermen, entstammen die obszönen Wörter *говно* ʿScheißeʾ, *мудо* ʿHodenʾ und *срать* ʿscheißenʾ. Beachtlich ist hier, dass die duale Form *муде* ʿ(zwei) Hodenʾ noch erhalten und heute sogar die verbreitete ist.[37] Mokienko und Nikitina beschreiben zwei mögliche Herleitungen des Lexems *говно*. Zum einen könne das urslavische Wort **govъno* von **goveno* abgeleitet sein, was mit ʿKuhmist, Kuhfladenʾ übersetzt werden kann. Es gäbe aber auch Meinungen, dass es vom indogermanischen **gūthas, *gūtha* ʿDreck, Kotʾ komme. Für gemeinsame Wurzeln sprechen in jedem Fall die Ähnlichkeiten dieses Le-

---

33 vgl. Ermen (1993), S. 13 u. Konjaev (2013).
34 vgl. Kovalev (2005).
35 vgl. Mokienko u. Nikitina (2004), S. 251.
36 vgl. Ermen (1993), S. 13 u. vgl. Kveselevič (2011), S. 39, 583 u. 831.
37 vgl. Ermen (1993), S. 13.

xems innerhalb der Slavinen, vgl. гівно (ukr.), говно (bulg.), гомно (mak.), гоўно (beloruss.), gówno (poln.), góvno (sloven.), hovno (tsch.). Im Gegenteil zu Ermen stellen Mokienko und Nikitina allerdings zum Lexem мудо die Hypothese auf, die es auf das indogermanische Wort *mond-o-m, was so viel wie `etwas Rundes, Kugelförmiges´ bedeutet, zurückführt. Dazu führen sie die ur- und kirchenslavische Form *мадо sowie die altrussische Form *мудо, *мудѣ an. Der gemeinslavische Charakter wird auch hier aufgrund der Ähnlichkeit unter den einzelnen Slavinen deutlich, vgl. мудо (ukr.), мудо, мъду, мънди, мъде, мъди (bulg.), маде (mak.), мудо, муда (serbokr.), mądo, mądzie (poln.), mud, moudí, moudy (tsch.).³⁸

Die etymologische Herkunft des Lexems блядь ist undurchsichtig. Während Ermen hier nur anfügt, dass das Lexem блядь zum Verb блясти `irren, fehlgehen´ gehört, äußert sich Konjaev dazu detaillierter. Ihm zufolge gibt es ein ähnliches Wort, welches sowohl im Russischen als auch Altkirchenslavischen vorkommt: блуд `Hurerei, Unzucht´. Beide Lexeme unterliegen einer unterschiedlichen Vokalalternation, vgl. *blendь zu блядь und *blondъ zu блудъ. Sinngemäß können beide Wörter auch mit „Irrtum, Fehler" übersetzt werden. Dies spiegelt sich in den Verben блуждать `umherirren´, заблуждаться `sich irren´ und im zuvor bereits genannten блясти wider. Auch das Polnische bewahrte diese Bedeutung in den Lexemen błąd `Fehler, Irrtum´, błąkac `umherirren´, błedny `fehlerhaft, irrtümlich´ und błednik `Labyrinth, Irrweg´.³⁹ Das Wort блядь war im Übrigen mit der Bedeutung `Lüge´ bis zur ersten Hälfte des 18. Jahrhunderts ein literatursprachliches Lexem. Bis zum zweiten Drittel des 19. Jahrhunderts galt es nicht als in dem Maße grob und obszön wie andere Matismen. Jedoch verließ es die literatursprachliche Ebene und bekam die vulgäre Bedeutung `unsittliche, verkäufliche Dame´. Erst in der Mitte des 19. Jahrhundert galt es schließlich als obszön und somit tabuisiert.⁴⁰

Umstritten ist der Ursprung des Lexems манда `Möse´. Zum einen hat es Ähnlichkeit mit dem tschechischen pani manda `Gesäß´ oder dem serbokroatischen manda `weibliches Geschlechtsorgan´. Doch könnte es auch in Zusammenhang mit dem Wort мандавошка `Filzlaus´ stehen, welches eine Umdeutung des nicht als existent bewiesenen Wortes *мудовошка `Filzlaus´ sein könnte. Demnach gab es eine „Hoden-" und „Mösenlaus".⁴¹

Den Matismus хуй kann man als Ablautform zum Wort хвоя `Nadeln, Zweige´ sehen, womit er ein früher Euphemismus wäre. Allerdings gibt es auch eine

---

38 vgl. Mokienko u. Nikitina (2004), S. 104 u. vgl. Mokienko u. Nikitina (2008), S. 145 f.
39 vgl. Kovalev (2005).
40 vgl. Ermen (1993), S. 14 u. vgl. Konjaev (2013).
41 vgl. Ermen (1993), S. 14.

Ähnlichkeit zum albanischen Wort *hu* `Pfahl´. In anderen slavischen Sprachen existieren analoge Formen mit gleicher Bedeutung, vgl. *хуй* (ukr. u. bulg.), *huj* (poln.). Es bleibt aber obskur, in welcher Relation sie zueinander stehen, da Wörterbücher solche Lexeme (zumeist) nicht aufnehmen. Somit ist fraglich, ob das Lexem *хуй* bereits im Urslavischen die Bedeutung `Penis´ innehatte oder es aus dem Ostslavischen ins Bulgarische und Polnische entlehnt wurde.[42]

2.2.2 Lexeme mit fremdsprachlicher Herkunft

Lexeme mit fremdsprachlicher Herkunft können nicht als *мат* im engeren Sinne bezeichnet werden. Allerdings mag es einige geben, die wir u. a. aufgrund der subjektiven Wahrnehmung als Invektive der Kategorie des *мат* im weiteren Sinne zuordnen können.

Es gibt zwei Gruppen von Lexemen mit fremdsprachlicher Herkunft. Zumeist trifft man auf Lehnwörter aus dem Argot, die durch die Gauner- und Hausierersprache in die russische Umgangssprache kamen, was darin Begründung findet, dass sowohl Gauner als auch Händler reichliche internationale Kontakte pflegten. Zumal Kriminalität und Prostitution in einer gewissen Relation zueinander stehen, ist es nicht besonders frappant, dass sich eine große Anzahl der betreffenden Lexik auch auf die Prostitution bezieht. Weiterhin gibt es auch Direktentlehnungen, die – soweit es sich um ältere Entlehnungen handelt – wahrscheinlich durch die fremdsprachenkundige zaristische Aristokratie ins Russische gelangten. Heutzutage existieren zudem noch Lexeme, die vermittels der anglo-amerikanischen Popkultur in die russische Sprache finden.[43]

Beispiele für solche Entlehnungen sind beispielsweise:

- *бандерша* `Puffmutter, Bordellbesitzerin, grobe/vulgäre Frau´ (ukr. *бандарша* dasselbe, rumän. *bandaola* `dicke Frau´)[44];
- *лярва* `Hure, Nutte´ (zigeunerspr. *larva* dasselbe, lat. *larva* `Gespenst, Fratze, Maske´)[45];
- *минет* `Fellatio, Cunnilingus, Oralsex´ u. *делать минет, заниматься минетом, минетить* `jdn. einen blasen´ (frz. *minette* `Cunnilingus´)[46];

---

42 vgl. ebd. S. 14.
43 vgl. ebd. S. 15 f.
44 vgl. ebd. S. 16 u. vgl. Kveselevič (2011), S. 26.
45 vgl. Ermen (1993), S. 16 u. vgl. Kveselevič (2011), S. 405.
46 vgl. Ermen (1993), S. 16, vgl. Mokienko u. Nikitina (2004), S. 209 u. vgl. Kveselevič (2011), S. 432.

- *мозгоебатель* ʼHirnficker, langweilige, aufdringliche Personʼ u. *мозгоебать* ʼdas Hirn fickenʼ (engl. *brain-fucker* ʼHirnficker; jdn., der andere Menschen mit gezielten Maßnahmen mental verwirrt, um sie zu manipulierenʼ)⁴⁷;
- *поц, потц* ʼSchwanz, Idiot, Dummkopfʼ (jidd. *poz, potz* ʼSchwanzʼ)⁴⁸;
- *путана, путанка* ʼHure, Nutteʼ u. *путанить* ʼsich prostituierenʼ (ital. *puttana* ʼHureʼ)⁴⁹;
- *факать, факаться* ʼfickenʼ u. *факало* ʼSchwanz, Fickstängel (Penis)ʼ (engl. *to fuck* dasselbe)⁵⁰;
- *хезать* ʼscheißen, Angst (Schiss) haben, feige sein, jdn. verachtenʼ u. *хезальник* ʼGesäß, Arschloch, Scheißhausʼ (griech. χεζω ʼscheißenʼ)⁵¹.

2.2.3 Ёб твою мать

Der Mutterfluch „ёб твою мать" ist Ausgangspunkt des heutigen *мат*⁵² und verkörpert die russische obszöne Redeweise schlechthin. Allerdings ist seine Herkunft und anfängliche Semantik nicht eindeutig geklärt. Vielmehr gibt es unterschiedliche Interpretationen, und allein das Fehlen eines Handlungsträgers wirft Fragen auf. Fakt ist aufgrund der gebrauchten männlichen Präteritalform *ёб*, dass das Subjekt irgendeine männliche Person ist. Ohne diese sagt er nicht mehr aus, als dass eine beliebige „Person X deine Mutter fickte".⁵³

Zelenin, so Ermen, sehe im Sprechenden auch den Agens des Mutterfluches. Er begründet dies damit, dass hierbei ein Jüngerer durch einen Älteren zurechtgewiesen werde, um dadurch sowohl seiner alters- als auch erfahrungsgemäßen Prävalenz Ausdruck zu verleihen. Die fluchende Person wolle nichts weiter aussagen, als dass sie der Vater der Person sein könnte, die zurechtgewiesen wird.⁵⁴ Es geht nur darum, Machtverhältnisse klarzustellen, nicht aber zu beleidigen oder zu schänden.⁵⁵ Ermen zufolge sei diese Begründung jedoch nur eine verzweifelte Bemühung, dem Verb ein Subjekt zuzuordnen.⁵⁶

---

47 vgl. Achmetova (1999), S. 195 u. vgl. Mokienko u. Nikitina (2004), S. 210.
48 vgl. Ermen (1993), S. 16, vgl. Kveselevič (2011), S. 661 u. vgl. Timroth (1983), S. 139.
49 vgl. Kveselevič (2011), S. 708 u. vgl. Timroth (1993), S. 139.
50 vgl. Ermen (1993), S. 16, vgl. Kveselevič (2011), S. 897 u. Mokienko u. Nikitina (2004), S. 336.
51 vgl. Ermen (1993), S. 17 u. vgl. Kveselevič (2011), S. 926.
52 vgl. Michajlin (2005), S. 69.
53 vgl. Ermen (1993), S. 17.
54 vgl. ebd. S. 17.
55 vgl. Kovalev (2005).
56 vgl. Ermen (1993), S. 17.

Nach anderen Meinungen könne man diesen Mutterfluch als Aufforderung zum Inzest oder dessen bereits geschehenen Vollzug verstehen. Somit käme er dem Englischen „fuck your mother" oder dem Deutschen „fick deine Mutter" gleich. Die Übersetzung „you motherfucker" kommt, so Ermen, dem beleidigenden Charakter des russischen Originals sehr nahe. Allerdings vernachlässige man dabei die grammatikalische Struktur, da für den Fall, dass Subjekt und Adressat identisch seien, im russischen Mutterfluch das Possessivpronomen *свою* anstelle von *твою* Verwendung finden müsste.[57] Somit ist auch diese Interpretation nicht als richtig einzustufen.

Žel'vis, Isačenko und Michajlin indes begreifen das Subjekt der Wendung als eine dritte Person. So unterstellte man Žel'vis zufolge dem zu Beschimpfenden, dass er mit dem Teufel verwandt sei. Denn er sei aus einer sündhaften Verbindung der Mutter mit dem Feind des Menschengeschlechts entstanden. Später wurde dann die Person des Teufels durch einen Hund ersetzt, der als unreines Tier galt und in dessen Gestalt der Teufel auf die Erde kam. Irgendwann fiel die dritte Person vollkommen weg und geriet in Vergessenheit.[58] Michajlin sieht dies ähnlich. Seiner Meinung nach wurde die Mutter des Opponenten durch einen Hund geschändet, weshalb er unrein und aus drei Positionen als Opfer anzusehen ist. Zum einen ist sein Vater nicht menschlich, sondern irgendein chthonisches Wesen, weshalb auch der Sohn eines solchen Wesens chthonisch ist. Zum anderen verliert aufgrund des Koitus mit einem Hund auch die Mutter ihr Recht, als Frau bezeichnet zu werden, weshalb sie als Hündin, also *сука*, zu bezeichnen ist. Hierher rührt nun auch die Bezeichnung des Opponenten als *сукин сын*. Zuletzt ist natürlich auch der Ort, an dem ein solch unnatürlicher Koitus mit einhergehender Empfängnis möglich war, nicht als normal anzusehen, sondern als „Wildes Feld", d.h. marginaler und chthonischer Raum. Mit dieser Sichtweise bekommt das Lexem *блядь* nun auch eine einleuchtende Bedeutung. Es bezeichnet eine Frau, die sich in einen solchen soeben beschriebenen Raum verirrt hat und damit rechtmäßig Beute eines jeden Hundes werden konnte.[59] Isačenko spricht auch von einem Hund als Agens, begründet dies aber nur dadurch, dass in den Reiseberichten des Barons von Herberstein[60] aus dem 16. Jahrhundert der Mutterfluch auf folgende

---

57 vgl. ebd. S. 18.
58 vgl. Žel'vis (2011), S. 294 f.
59 vgl. Michajlin (2005), S. 82 f.
60 Sigismund von Herberstein war Diplomat, Humanist, Politiker und Autor. Sein Werk „Rerum Moscoviticarum Commentarii" gilt noch heute als Basis der europäischen Russlandkunde und war ein Klassiker der frühen Neuzeit, der Mitte des 16. Jh.s in lateinischer Sprache publiziert und alsbald ins Deutsche, Italienische und teils Englische

Weise erwähnt wird: „canis matrem tuam subagitet". Demnach lautete der Fluch somit anfänglich „пёс ёб/еби твою мать". Zudem finden sich auch in anderen slavischen Sprachen ähnliche beleidigende Wendungen, was die These zulässt, dass der Mutterfluch dem Urslavischen entstammt, vgl. *pies cię jebał* (poln.) `ein Hund fickte dich´, *pas ti mater jebe u dupe* (serbokr.) `ein Hund soll deine Mutter in den Arsch ficken´, да мȣ´ єбє пьс женѫ и матєрє мȣ´ (bulg., 15. Jh.) `ein Hund möge seine Frau und seine Mutter ficken´, *ібу твою (псю) маму* (ukr.) `ich ficke deine (Hunde-) Mutter´.[61] Dass die dritte Person einmal ein Hund war, könnte zudem dadurch gestützt werden, dass der *мат* auch als *матерная лая* bezeichnet wird. Hier könnte das Lexem *лая* auf das Verb *лаять* `bellen, kläffen´ zurückgeführt werden.[62] Aussagen wie *сукины дети* `Hurenkinder, eigentl. Kinder einer Hündin´ oder *сукин сын* `Hurensohn, eigentl. Sohn einer Hündin´ deuten ebenfalls auf einen Bezug zu einem Hund, da das Wort *сука* von *собака* abstammt[63] und nicht nur `Hure´[64], sondern auch `Hündin´[65] bedeutet. Hier sei erwähnt, dass sowohl *лаяться* als auch *собачиться* die Bedeutung `schimpfen´ besitzen.[66]

„Die sexuelle Beleidigung, und damit auch der Mutterfluch, ist ein soziokulturelles Phänomen"[67], welches mit der gesellschaftlichen Sexualmoral korreliert. Kulturen ohne wirkliches sexuelles Tabu besitzen keine sexuell invektiven Wendungen. Sie finden sich jedoch in Sprachen verschiedener kultureller Kreise: im Englischen, Neugriechischen, Ungarischen, in den meisten Slavinen[68] und auch in vielen Reden Ciceros[69], was darauf schließen lässt, dass auch im Lateinischen sexuelle Invektive verwendet wurden. Allerdings gibt es auch Slavinen, so Ermen, in denen Mutterflüche nicht oder nicht mehr existieren wie beispielsweise im Tschechischen.[70] Mokienko und Nikitina meinen allerdings, dass in einigen Sprachen wie beispielsweise dem Tschechischen lediglich fast alle Matismen verschwunden

---

übersetzt wurde. (Beyer-Thoma, H.: *Sigismund von Herberstein: Rerum Moscoviticarum Commentarii*. München: Osteuropa-Institut 2007.)
61 vgl. Ermen (1993), S. 18 f.
62 vgl. Žel'vis (2011), S. 295.
63 vgl. Kovalev (2005).
64 vgl. Kveselevič (2011), S. 825.
65 vgl. Ožegov (2010), S. 623.
66 vgl. ebd. S. 592.
67 Ermen (1993), S. 20.
68 vgl. Ermen (1993), S. 20.
69 vgl. Harders (2008), S. 238.
70 vgl. Ermen (1993), S. 20.

und durch Lehnwörter ersetzt worden sind. Zudem gebe es Sprachen wie das Serbische und Bulgarische, die türkischen und anderen Einflüssen unterstanden oder beispielsweise das Belorussische, das keine so stark formale und Bedeutungsaktivität innehatte wie das Russische.[71] Die Schwerpunkte invektiver Lexeme und Wendungen können so kulturell verschieden sein, vgl. die Hervorhebung des Skatologischen im Deutschen, obgleich auch sexuelle Lexeme vorhanden sind.[72]

Der Mutterfluch „ёб твою мать" besitzt im heute gesprochenen Russisch nur noch eine kleine anzügliche und verächtliche Funktion. Motiv des kollektiven Tabus ist jedoch nach wie vor das Sexuelle[73] und teils auch Skatologische.

2.3 Wortbildung

Die Wortbildungsmöglichkeiten innerhalb des russischen obszönen Lexikons sind schier unbegrenzt. Mithilfe weniger Wurzeln können unzählige neue Wörter gebildet werden. Dennoch werden weder all diese Möglichkeiten ausgeschöpft noch alle spontanen Wortschöpfungen Teil des allgemeinen Sprachgebrauchs, da die obszöne Lexik im Großen und Ganzen in der mündlichen Rede gebraucht wird, in der das Potential zur Wortbildung größer ist. So können vermittels obszöner Wurzeln stets neue Lexeme gebildet werden. Unter den Wörtern, die primär zur Wortschöpfung genutzt werden, gibt es verschiedene Produktivitätsstufen, die in Bezug zur Bedeutung der jeweiligen Wurzel sowie ihrer Bekanntheit und Popularität stehen[74]:

- Mithilfe von metaphorisch verwendeten primären Wörtern werden außer Diminutive oder Augmentative keine Derivative gebildet. Wenn allerdings die anfängliche Bedeutung der Metapher von einer sekundären, sexuellen verdrängt wird, sind Ableitungen möglich, vgl. дрочить `wichsen´ (ursprünglich `reizen, hätscheln´).[75]
- Die sexuellen Primärlexeme wie хуй oder ебать sind produktiver als skatologische wie beispielsweise говно oder срать und welche aus dem sexuellen Milieu wie блядь.[76]

---

71 vgl. Mokienko u. Nikitina (2008), S. 8.
72 vgl. Ermen (1993), S. 20.
73 vgl. ebd. S. 20.
74 vgl. ebd. S. 22.
75 vgl. ebd. S. 22.
76 vgl. ebd. S. 22.

- Die produktivsten Wurzeln sind *еб-*, *пизд-* und *хуй*, alsdann folgen *говн-*, *муд-* und *сер-/ср-*.[77]
- Die anstelle von Primarwörtern verwendeten Euphemismen bilden keine souveränen Derivative, vgl. *хуй – хуячить / хрен – хреначить*.[78]
- Archaische, lokal begrenzte oder seltene Primarwörter sind so gut wie nie produktiv. So stehen Derivative von *поц* und *манда* weit hinter denen ihrer Synonyme *хуй* und *пизда*. Es ist allerdings nicht auszuschließen, dass sie einmal produktiv waren oder werden.[79]

Summa summarum unterliegt die Wortschöpfung obszöner Lexeme den Regeln der russischen Wortbildung[80], wobei durch Analogie auch Unregelmäßigkeiten auftreten, die morphologisch und semantisch als irregulär erscheinen, vgl. *спиздеть, хуярить*. Obszöne Wurzeln sind zumeist nur stellvertretend für beliebige Wurzelmorpheme, weshalb die entstandenen Lexeme dann keine Derivative sind sondern absurde Bildungen.[81]

In der *Grammatik der russischen Sprache* von 1960 und 1982 werden manche Wortbildungsmorpheme als umgangssprachlich, vulgärumgangssprachlich oder pejorativ typisiert, weshalb in solchen Fällen das russische obszöne Lexikon bereits als umgangssprachlich bzw. vulgärumgangssprachlich charakterisiert ist.[82]

Häufige Formen der Wortbildung sind Affigierung, Komposition, Zusammensetzung von Affigierung und Komposition, Analogiebildung, Substantivierung von Partizipien und Adjektiven, Abkürzungen sowie die Verballhornung, bei der ein oder zwei Phoneme in ein Wort eingefügt oder ausgewechselt werden. Zudem können onomatopoetisch Konsonanten eingefügt werden oder durch Zusammenrücken zweier Lexeme ein neues gebildet werden. Bei Interjektionen treten auch Apokopen auf.[83]

So entstehen schließlich Lexeme wie *промудохуеблядский, пиздоебательный, блудоебливый, пиздорванец*[84], *пиздозолотарь, распиздюляченный, хуерык, высранохуевый, дроческотина, мудоблядский, пердопромудище, мудоблядин*.[85]

---

77 vgl. ebd. S. 22.
78 vgl. ebd. S. 23.
79 vgl. ebd. S. 23.
80 vgl. ebd. S. 23 u. vgl. Koester-Thoma (1995), S. 150.
81 vgl. Ermen (1993), S. 23.
82 vgl. ebd. S. 23.
83 vgl. ebd. S. 23 f., vgl. Koester-Thoma (1995), S. 150 u. vgl. Timroth (1983), S. 150 f.
84 vgl. Russkij mat s Alekseem Plucerom-Sarno. Malyj Petrovskij Zagib. 6 variantov.
85 vgl. Russkij mat s Alekseem Plucerom-Sarno. Bol'šoj Petrovskij Zagib. 4 varianta.

2.3.1 Substantive

Unter den Substantiven trifft man zumeist auf Suffigierung und Komposition sowie deren Kombination, Verballhornung und Analogiebildung.[86]

2.3.1.1 Suffigierung

Bei nicht palatalisierten Konsonanten im Wurzelauslaut kann es zu einer Palatalisierung kommen, vgl. *пизд- / пизд-а / пизд-юга*. Meistens gibt es dafür keine Gesetzmäßigkeiten, weshalb in manchen Lexemen beide Suffixvarianten vorkommen, vgl. *бздух* oder *бздюх*. Dies lässt sich wohlmöglich auf diastratische und diatopische Differenzen in der Aussprache zurückführen. Manche Suffixe sind dabei nur palatalisiert vorhanden wie beispielsweise *-ёж* und andere nur nicht palatalisiert wie z. B. *-он, -ун*.[87]

Mehrere Suffixe, die in der Schriftsprache unproduktiv sind, bilden in der Umgangssprache produktive Gruppen. Sie haben zumeist eine expressiv-pejorative Nuance; zu ihnen gehören die folgenden Suffixe:
-ай, -ан, -анк-(а), -атин-(а), -ет-(а), -ёвин-(а), -ёж, к-(а), -л-(а), -л-(о), -ловк-(а), -нь, -ня, -овин-(а), -он, -от-(а), -ун, -ух-(а), -х-а, -ыш, -ьё, -юг-(а), -юк, -юх-(а), -яй, -янк-(а),-ятин-(а).[88]
Beispiele: *выблядыш* ʼBastard, außereheliches Kindʼ, *говнюк* u. *говнюха* ʼNiete (Person), lumpiger Grünschnabelʼ, *ебака* u. *ебун* ʼFicker, Liebhaberʼ, *мудьё* ʼUnsinn, dummes Zeug, Schrottʼ, *пиздень* ʼgroße, dreckige, vom vielen Sex ausgeleierte Fotzeʼ, *пиздюга* ʼArsch (Person), Idiot, Dreckskerlʼ, *хуёвина* ʼUnsinn, Ding, Scheißdingʼ, *хуило* ʼRiesenschwanz, großer Penisʼ.[89]

Obszöne Wörter können ebenso mit neutralen Suffixen konstruiert werden. Zu jenen gehören folgende Suffixe:
-ак, -ар, -в-а, -ел-ь, -ени-е, -ец, -ёнок, -ин-а, -к-(а), -л-ь, -льник, -ник, -овств-о, -ок, -онок, -ост-ь, -чик, -як, -яр.[90]
Beispiele: *ебальник* ʼ(Hack-)Fresse (Gesicht), Schwanz (Penis)ʼ, *заебанец* ʼRandalierer, Störenfried, Hooliganʼ, *заёбина* ʼFotzenschleim, Scheidensekretʼ, *минетчик* ʼFellator, Bläser, Liebhaber von Oralsex (aktiv und passiv)ʼ, *мудак*

---

86 vgl. Ermen (1993), S. 24.
87 vgl. ebd. S. 24.
88 vgl. ebd. S. 24.
89 vgl. ebd. S. 24 f., vgl. Kveselevič (2011), S. 108, 138, 204 f., 445, 599, 600 u. 946 u. vgl. Mokienko u. Nikitina (2004), S. 55.
90 vgl. Ermen (1993), S. 25.

`Schwanz (Penis), Dummkopf, Trottel´, *мудель* `Dummkopf, Schwachkopf´, *нахуйник* `Gummi, Kondom´.[91]

In manchen Fällen werden auch Suffixe zur Wortbildung genutzt, die gemeinhin nur in Fachtermini und Fremdwörtern vorkommen:
-ашвили, -истик-(а), -ория, -ос.[92]
Beispiele: *ебатория* `Durcheinander, verwickelte Sache´, *мудашвили* `scheiß Georgier´, *ебистика* `langweilige, unsinnige Beschäftigung´.[93]

Mithilfe augmentativer und diminutiver Suffixe können die negativen Bedeutungen obszöner Lexeme gesteigert werden:
-ище (augmentativ), -ишко, -ёнка, -онка (diminutiv).[94]
Beispiele: *блядище* `Obernutte, Oberhure´, *пиздёнка* `Minifotze´, *пиздище* `Riesenmöse´, *хуишко* `Minipimmel´, *хуище* `Riesenschwanz (Penis) u. dummer Mensch, der schwer von Begriff ist´.[95]

Personenbezeichnungen mit den Suffixen -а, -ака, -ла, -ло, -уга, -юга, -ха , -яка sind für beide Geschlechter verwendbar, werden aber des Öfteren nur einem Geschlecht zugeordnet, vgl. *заёба* `Streithahn, Nörgler, aufdringlicher Kerl, Idiot´, *ебака* `Fickpartner, Liebhaber´, *дрочила* `Wichser´, *мудило* `Dummkopf, Schwachkopf´ (männlich) und *ненаёба* `sexhungrige Person, sexueller Nimmersatt´, *зассыка* oder *зассыха* `Pisser, Arschloch, Idiot´, *пиздюга* `Fotze (Person)´ (männlich u. weiblich). Um feminine Formen zu bilden, können allerdings bestimmte Suffixe verwendet werden:
-унья, -уха, -ушка, -юнья, -юха, -юшка anstelle von -ун, -юн sowie -ица, -ка anstelle von -чик, vgl. *бздун – бздунья, минетчик – минетчица, минетка*.[96]

2.3.1.2 Analogiebildung

Analog gebildete Lexeme werden durch semantische Übertragung und neue (Pseudo-) Suffixe konstruiert. Innerhalb der erstgenannten Gruppe erscheinen manche Lexeme dabei als Form mit fremdem Inhalt. Denn eigentlich müsste

---

91 vgl. ebd. S. 25 u. vgl. Kveselevič (2011), S. 204, 244, 432, 444 u. 487.
92 vgl. ebd. S. 25.
93 vgl. ebd. S. 25, vgl. Achmetova (1999), S. 101 u. 198 u. vgl. Kveselevič (2011), S. 204.
94 vgl. Ermen (1993), S. 26.
95 vgl. ebd. S. 26, vgl. Kveselevič (2011), S. 46 u. 946 f., vgl. Mokienko u. Nikitina (2004), S. 363 u. vgl. Achmetova (1999), S. 307.
96 vgl. Ermen (1993), S. 26, vgl. Kveselevič (2011), S. 189, 204, 244, 275, 432, 445, 494 u. 600 u. vgl. Mokienko u. Nikitina (2004), S. 81.

ебало ` Fickwerkzeug´ bedeuten und nicht ` (Hack-) Fresse, Schnauze (Gesicht)´. Da aber viele ähnlich gebildete Lexeme auf das Gesicht schließen lassen, ergibt sich auch für diese Wortschöpfung diese Konnotation, vgl. *хрюкало* ` Grunzwerkzeug´, *жевало* ` Kauwerkzeug´, *зевало* ` Gähnwerkzeug´. Ebenso ist der Matismus *пиздец* eine solche semantische Übertragung vom Wort *конец*.[97]

Die *Grammatik der russischen Sprache* aus dem Jahr 1982 führt die Suffixe *-ла, -ло* an, mit denen – deverbativ – Werkzeuge und Geräte sowie eine Handlung ausführende Personen bezeichnet werden können, vgl. *молотило* ` Dreschflegel´, *зубрила* ` Streber´. Im obszönen Lexikon können Lexeme mit diesen Suffixen und dem Themavokal *-и-* allerdings sowohl deverbativ als auch denominativ gebildet werden, vgl. *пердило* (пердеть) ` Arsch, Arschloch´, *пиздило* (пизда) ` Penner, Idiot´.[98]

Ebenfalls tritt innerhalb des obszönen Wortschatzes ein weiteres Suffix heraus, welches allerdings in der Akademiegrammatik der russischen Sprache nicht erwähnt wird. Ermen paraphrasiert hier zwei Autoren; zum einen Patton, der das Suffix *-ёза, -оза* anführt, zum anderen Kiparsky, der nur von einem Suffix *-за* spricht, vgl. *кофеёза* ` schlechter Kaffee´, *егоза* ` eigenwilliges Kind´. Innerhalb des obszönen Lexikons stößt man in Wörterbüchern auf das Lexem *хуёза* ` Unsinn, dummes Zeug, Ärger, Widerling (Person)´.[99] Vermittels der Suchfunktion von Google konnten am 19.08.2013 unter den Suchbegriffen *блядоза* 26, *пиздоза* 247, *говноза* 1210, *хреноза* 623, *хероза* 516 und *хуёза* 2060 Ergebnisse ermittelt werden, was vermuten lässt, dass diese Suffixe innerhalb des obszönen Wortschatzes unproduktiv sind, wohl aber verwendet werden. Vergleicht man diese Ergebnisse mit als gefestigt angesehenen Suffixen, so ergibt sich bei manchen aber nur eine unbedeutend größere Produktivität, vgl. *пердило* (5790 Treffer), *пиздило* (8540 Treffer), *хренило* (516 Treffer), *мандило* (432 Treffer). Da jedoch einige Lexeme mit diesem Suffix eine äußerst hohe Produktivität aufweisen wie *дрочила* (599.000 Treffer), *мудило* (283.000 Treffer), scheint das Suffix bei der Produktivität keine Rolle zu spielen, sondern das Primärlexem. Eine beachtliche Produktivität besitzen die Wörter *ебало* (1.030.000 Treffer) und *мудак* (2.760.000 Treffer).

Pseudosuffixe kommen in den Lexemen *хуерик* bzw. *хуерык* und *еблематика* ` Fickwissenschaft´ vor. Denn sowohl die Herkunft des *-р-* im ersten als auch die des *-м-* im zweiten Lexem ist durch Wurzel oder Suffix nicht motiviert. Vielmehr scheint beim ersten Lexem eine Ähnlichkeit zum Wort *венерик* vorzuliegen, beim zweiten zum Wort *математика*. Eine einheitliche Übersetzung findet

---

97 vgl. Ermen (1993), S. 27.
98 vgl. ebd. S. 27 u. vgl. Kveselevič (2011), S. 583 u. 599.
99 vgl. Ermen (1993), S. 28, vgl. Kveselevič (2011), S. 946 u vgl. Mokienko u. Nikitina (2004), S. 362.

sich zum Lexem *хуерик* bzw. *хуерык* zudem nicht. Ermen übersetzt *хуерик* und *венерик* mit ʽSyphilisʼ, obwohl das Adjektiv *венеческий* lediglich ʽGeschlechts-ʼ bedeutet. Achmetova, Kveselevič, Mokienko und Nikitina deuten es indes als ʽGonorrhoeʼ.[100]

2.3.1.3 Verballhornung

Verballhornungen sind oft Sekundärbildungen, die ad hoc entstehen und genauso schnell wieder verloren gehen, vgl. *пиздатель* statt *издатель*. Allerdings haben sich auch manche Wortbildungen etabliert, vgl. *бздительность* ʽübermäßige Wachsamkeit, die durch Feigheit hervorgerufen wirdʼ anstelle von *бдительность*. Zugleich kann der parodistische Begriff auch nur ʽFeigheitʼ bedeuten, wie auch das Verb *бздеть* ʽSchiss habenʼ bedeuten kann. Weitere Beispiele sind *говназия* (говно, гимназия) ʽScheiß-Gymnasiumʼ, *говнядина* (говно, говядина) ʽminderwertiges Rindfleischʼ, *дерьмократ* (дерьмо, демократ) ʽscheiß Demokrat, Scheindemokratʼ, *говным-говно* (давным-давно) ʽetwas unangenehmes, das Ekel hervorruftʼ, *бляж* (блядь, пляж) ʽ(scheiß) Strandʼ[101], *пиздарный* (пизда, бездарный) ʽ(scheiße) unbegabtʼ, *пиздельник* (пизда, бездельник) ʽ(scheiß, blöder) Faulpelz, Taugenichtsʼ, *блядюга* (блядь, бельдюга) ʽ(scheiß) Aalmutterʼ[102], *дерьмотолог* (дерьмо, дерматолог) ʽ(scheiß) Dermatologeʼ, *говнир* (говно, гарнир) ʽ(scheiß) Beilageʼ, *иносранец* (срать, иностранец) ʽ(scheiß) Ausländerʼ, *леблядиное озеро* (блядь, лебединое озеро) ʽHurensee (eigentl. Schwanensee[103])ʼ, *мудем* (мудо, модем) ʽscheiß (Modem)ʼ, *всё говно* (говно, всё равно) ʽscheißegalʼ, *расперделитель* (пердеть, распределитель) ʽ(scheiß) Verteilerʼ, *ебилей* (ебать, юбилей) ʽ(verficktes, scheiß) Jubiläumʼ. Solche pejorativen Wortbildungen sind immer auch mit einem zynischen und groben Humor verbunden. Sie drücken nicht nur eine abfällige Haltung, sondern ebenso eine invektive und Tabu verletzende Expressivität aus. Devkin spricht von einem besonderen Typus der Euphemisierung, wenn jene vermittels tabuisierter Lexik entstehen. Er nennt es Kakophemisierung.[104]

---

100 vgl. Achmetova (1999), S. 476, vgl. Ermen (1993), S. 28, vgl. Kveselevič (2011), S. 946 u. vgl. Mokienko u. Nikitina (2004), S. 363.
101 vgl. Ermen (1993), S. 28 f., vgl. Kveselevič (2011), S. 39 u. 173 u. vgl. Mokienko u. Nikitina (2004), S. 86, 104 u. 108.
102 Eine Aalmutter ist ein kleiner Fisch, der in den nordostatlantischen Küstengebieten vorkommt.
103 Der „Schwanensee" ist ein Ballettstück zur Musik von P.I. Čajkovskij.
104 vgl. Devkin (2005), S. 293–297.

2.3.1.4 Komposition

Bei einer Komposition werden zwei Wurzeln zusammengefügt, wobei zumeist eine obszöne und eine nichtobszöne Wurzel (хуемыслие), seltener zwei obszöne Wurzeln (хуемудрие), ein neues Lexem ergeben. Diese neu gebildeten Wörter sind in erster Linie invektive Personenbezeichnungen.[105]

Meistens werden neue Lexeme dabei vermittels des folgenden Modells gebildet:

- Wurzel + Bindevokal o bzw. e + Wurzel, vgl. *мудошлёп* `Dummschwätzer´.[106] Ist der erste Teil dabei eine obszöne Wurzel, so ist jener nominal, vgl. *мудозвон* `Dummschwätzer´, *пиздолиз* `Cunnilingist, Fotzenlecker´, *хуесос* `Schlappschwanz, Schwanzlecker, Idiot´. Er kann aber auch adverbialer oder verbaler Natur sein, vgl. *долбоёб* `Dummkopf, Schwachkopf´, *дармоёб* `Schmarotzer, Faulenzer, Taugenichts´. Im anderen Fall, d.h. falls die zweite Wurzel obszön ist, ist sie immer verbal, vgl. *мозгоёб* `aufdringlicher, langweiliger Mensch´, *говноёб* `zaghafter und undeutlich sprechender Mensch´.[107]

Ein sporadisch verwendetes Modell zur Wortbildung ist folgendes:

- Wurzel + Bindevokal o bzw. e + Wurzel + Suffix + Endung, vgl. *блядовозка* `Karre, Auto´.[108] Dabei kann das zweite Element auch ein souveränes Substantiv sein, vgl. *блядоход* `städtische Hauptstraße, Hurensucher´, *мозгоебатель* `aufdringlicher, langweiliger Mensch, Hirnficker´, *пиздобратия* `Clique, Bruderschaft´, *пиздобратья* `Männer, die ein und dieselbe Frau ficken´, *пиздострадатель* `sexhungriger Kerl´.[109]

Die Komposita sind teils Analogiebildungen, vgl. *мудозвон* – *пустозвон*, und teils Primärbildungen, vgl. *пиздосос*. Bei Analogiebildungen stehen die Wurzeln *-ёб-*, *-пизд-* u.a. für einen negativen Charakter und eine expressive Steigerung schlechtweg, vgl. *хуемудрие* `idiotische, dumme Denkweise/Gedanken´. Innerhalb von Primärbildungen hingegen sind die genannten Wurzeln wörtlich zu verstehen, vgl. *жопализ* `Arschkriecher, Arschlecker´.[110]

---

105 vgl. Ermen (1993), S. 29 u. vgl. Kveselevič (2011), S. 946.
106 vgl. Ermen (1993), S. 29 u. vgl. Kveselevič (2011), S. 445.
107 vgl. Ermen (1993), S. 29 u. vgl. Kveselevič (2011), S. 138, 435, 445, 599 u. 946.
108 vgl. Ermen (1993), S. 29 u. vgl. Kveselevič (2011), S. 46.
109 vgl. Achmetova (1999), S. 308, vgl. Ermen (1993), S. 29 u. vgl. Kveselevič (2011), S. 46, 435 u. 600.
110 vgl. Ermen (1993), S. 30 u. vgl. Kveselevič (2011), S. 223 u. 946.

2.3.2 Verben

Die Wortbildung obszöner Verben geschieht vermittels Ableitung von Primärverben und denominativer Bildung.

2.3.2.1 Ableitung von Primärverben

Primäre Verben wie *ебать, срать, сцать, хезать, дрочить* u.a. können eine wörtliche, eine übernommene und eine übertragene Bedeutung innehaben. Die Entstehung von Homonymen kann dabei ganz unterschiedlich sein. Als Basis kann sowohl ein präfigiertes als auch unpräfigiertes Verb dienen, wobei die Präfixe bei wortwörtlich verwendeten Verben die üblichen Bedeutungen der Affixe besitzen[111] wie z.B.:

- про- (durch-, eine Zeit lang)[112], vgl. *проебать* `durchficken´, *проебаться* `eine Zeit lang miteinander ficken´[113];
- на- (etwas zur Genüge, in Fülle tun)[114], vgl. *надрочиться* `sich sattwichsen´[115];
- за- (bis zu Ende tun)[116], *затрахать* `bis zur Erschöpfung durchbumsen´[117].
- под- (unter)[118], *подоссать* `unter etwas pissen´[119].

Für den Fall der Bedeutungsübernahme richtet sich die Wortbildung nach einem Modell. Beispielsweise wird die Wurzel -ёб- an beliebige Stellen gesetzt, wodurch neue Lexeme entstehen, deren Präfixe keine wortwörtliche Bedeutung besitzen, vgl. *выёбываться* anstelle von *выпендриваться* `sich aufspielen, sich wichtigtun, sich wichtigmachen´, *приёбываться* anstelle von *придидраться* `herummäkeln, nörgeln´.[120] Dazu zählen auch Verben wie *подосраться* anstelle von *подлизаться* `sich einschleimen, sich einschmeicheln´[121] oder *задрочить* anstelle von *запугать, замучить* `quälen, peinigen, einschüchtern´[122].

---

111 vgl. Ermen (1993), S. 31.
112 vgl. Barykina, Dobrovol'skaja u. Merzon (1989), S. 55 f.
113 vgl. Ermen (1993), S. 31 u. vgl. Kveselevič (2011), S. 688.
114 vgl. Barykina, Dobrovol'skaja u. Merzon (1989), S. 24.
115 vgl. Achmetova (1999), S. 202.
116 vgl. Barykina, Dobrovol'skaja u. Merzon (1989), S. 19.
117 vgl. Kveselevič (2011), S. 279.
118 vgl. Barykina, Dobrovol'skaja u. Merzon (1989), S. 43.
119 vgl. Achmetova (1999), S. 323.
120 vgl. Ermen (1993), S. 31 f. u. Achmetova (1999), S. 48 u. 361.
121 vgl. Achmetova (1993), S. 323.
122 vgl. ebd. S. 124 u. Kveselevič (2011), S. 243.

Daraus ergibt sich auch der Fakt, dass reflexive Formen nicht immer auch Intransitivum oder Reflexivum eines nichtreflexiven Verbs sind. Zwar ist *трахаться* ʹmiteinander fickenʹ das Reflexivum zu *трахать* ʹfickenʹ, aber *доебаться* ʹetwas ergattern, etwas erhaschenʹ nicht zu *доебать* ʹauf den Sack gehenʹ. Denn das erste Verb leitet sich ab von *добиться* und das zweite von *докучать*. Ebenso wenig muss eine imperfektive Form eines präfigierten Verbs nicht unbedingt zu einem perfektiven Verb gehören, vgl. *выёбываться* ʹsich aufspielen, sich wichtigtun, sich wichtigmachenʹ und *выебаться* ʹmiteinander ficken, ermüdenʹ, die kein Aspektpaar darstellen. Respektive stehen also manche Wortpaare in keiner semantischen Beziehung.[123]

Eine nichtpräfigierte Form kann indes auf einem Modell beruhen, vgl. *ебать* mit der Bedeutung ʹausschimpfenʹ, da es zu *выебать* gehört, welches wiederum von *выругать* hergeleitet wurde.[124]

2.3.2.2 Denominative Bildung

Verben, die durch denominative Bildung konstruiert wurden, haben nicht immer eine buchstäbliche Bedeutung. So beziehen sich durch die Nomen *хуй*, *пизда*, *муде* und deren Synonyme gebildete Formen nie und wenn sie von *блядь*, *курва*, *говно* hergeleitet sind nur selten auf das motivierende Substantiv. Sie decken semantische Felder ab und können, um die Aussage zu detaillieren, präfigiert werden, vgl. *хуячить* ʹschlagen, hauenʹ, *вхуячить* ʹreinschlagen, reinhauenʹ.[125]

Außerdem können sie mit vielen Verbalsuffixen gekoppelt werden, vgl. *хуячивать* ʹvon Zeit zu Zeit fickenʹ, *пиздеть* ʹDummes labern, umsonst reden, jammern, sich beschwerenʹ, *пиздить* ʹklauen, schlagenʹ, *хуёвничать* ʹfaulenzen, Gemeinheiten/Unannehmlichkeiten bereitenʹ, *мудровать* ʹtricksen, auslisten, verspottenʹ, *блядовать* ʹherumhurenʹ.[126]

Die so neu entstandenen Verben können schließlich wieder präfigiert sowie imperfektiviert und perfektiviert werden, vgl. *бздеть/бзднуть* ʹleise furzen, Schiss habenʹ, *съёбываться/съебаться* ʹweggehen, abhauen, sich verpis-

---

123 vgl. Achmetova (1999), S. 47 f. u. 442, vgl. Ermen (1993), S. 32 u. Kveselevič (2011), S. 111.
124 vgl. Ermen (1993), S. 32.
125 vgl. ebd. S. 34.
126 vgl. ebd. S. 34, vgl. Achmetova (1999), S. 504, vgl. Kveselevič (2011), S. 445, 599 u. 946 u. vgl. Mokienko u. Nikitina (2004), S. 362.

sen´, *передрачивать/передрочить* ˋsich überwichsen (zu viel wichsen)´, *пропиздюливать/пропиздюлить* ˋvorbeigehen, durchgehen, passieren´.[127]

Die meisten Verben werden mithilfe der Suffixe *-еть*, *-ить*, *-ничать*, *-(а)нуть*, *-овать* gebildet und regelmäßig konjugiert, vgl. *хуёвничать*, *хуёвничаю, хуёвничаешь, хуёвничают*.[128]

Allerdings kommen auch Pseudosuffixe und vollkommen neu entstandene Suffixe vor. Beispielsweise im Verb *хуярить* ˋschlagen, schnell gehen/fahren´ gehört das Suffix *-ар-* weder zum Stamm noch zu einem etwaigen ähnlichen Nomen, weshalb zu vermuten ist, dass dieses und andere Verben durch Analogien gebildet wurden. So könnte das genannte Verb in Analogie zum Verb *ударить* ˋschlagen, hauen´ gebildet worden sein, da es schließlich auch eine der Bedeutungen trägt, die auch unser obszönes Verb innehat. *Хуярить* ist jedoch imperfektiv, *ударить* perfektiv, kann aber perfektiviert werden, vgl. *вхуяривать/вхуярить* ˋzu Wucherpreisen verkaufen, aufdrängen, aufzwingen, schlagen´, *захуяривать/захуярить* ˋetwas schnell machen, etwas energisch anfangen zu tun, schlagen´, *прихуяривать/прихуярить* ˋankommen, anbringen, befestigen, festnageln´, *прохуяривать/прохуярить* ˋspielen´. Ähnlich ist es auch beim Suffix *-ох-*, welches in einigen Lexemen Verwendung findet, vgl. *объебёхиваться* ˋsich irren´, *распиздохиваться* ˋzerschlagen, zerbrechen, teilen´.[129]

Drei Suffixe, welche wahrscheinlich neu gebildet wurden, sind *-ачить*, *-ничать* und *-ошить*, die beispielsweise in den Verben *хуячить* ˋschnell gehen/fahren, schlagen, hauen, Zeit vergeuden´, *мандячить* ˋschlagen, verprügeln, fleißig arbeiten, gehen, (zer)schneiden´, *пиздячить* ˋgehen, fahren, schlagen, verprügeln, klauen´, *хуёвничать* ˋGemeinheiten/Unannehmlichkeiten bereiten, faulenzen´ und *распиздошить* ˋvertreiben, gewaltsam auflösen´ vorkommen. Sie können nicht denominativ entstanden sein, da nicht zu jedem Verb ein entsprechendes Nomen existiert. So gibt es zwar die Lexeme *хуяк* ˋzack´ und *хуяк-пиздяк* ˋzack-zack´[130], die Wörter *пиздяк* (einzeln), *мандяк*, *хуёвник*, *(рас)пиздоха* oder *(рас)пиздос* sind jedoch in Wörterbüchern nicht aufzufinden, sondern nur als Ergebnisse einer Google-Suche existent. *Хуяк-пиздяк* scheint auch eher eine poetische Analogiebildung zu sein. Mokienko und Nikitina mei-

---

127 vgl. Achmetova (1999), S. 282 u. 381, vgl. Ermen (1993), S. 35 u. vgl. Kveselevič (2011), S. 39 u. 831.
128 vgl. Ermen (1993), S. 35.
129 vgl. ebd. S. 35 f., vgl. Achmetova (1999), S. 42 f., 148, 238, 371, 387 u. 399, vgl. Kveselevič (2011), S. 283 u. vgl. Mokienko u. Nikitina (2004), S. 98.
130 vgl. Ermen (1993), S. 36 f., Kveselevič (2011), S. 946 u. 950 u. Mokienko u. Nikitina (2004), S. 195, 258, 362 u. 374.

nen an dieser Stelle, dass das Lexem *хуяк* vom Verb *хуякнуть* `schlagen, schmeißen´ abgeleitet wurde.[131]

2.3.3 Adjektive

Bei der Bildung von Adjektiven sind kaum Spezifika zu beobachten. Viele sind Derivative von Verben, wobei manche ein präpositionales oder nominales Präfix bekommen. In der Regel bleibt die Suffixbedeutung erhalten. Wortspiele, Analogien und umgangssprachliche Suffixe kommen kaum vor.[132]

Adjektive mit erhaltener Suffixbedeutung werden mit folgenden Suffixen gebildet:

-ливый (Affinität zu einer Handlung oder einem Zustand), vgl. *ебливый* `geil, scharf, wollüstig´[133];

-лый (Ergebnis einer Tat oder eines Prozesses), vgl. *опизденелый (опизденеть)* `übergeschnappt, erbost, verdattert´[134];

-ин, -ий (Zugehörigkeit), vgl. *курвин, блядин* `Schlampen-, Huren-´ u. *пиздий* `Mösen-, Fotzen-´, *сучий* `Huren-, Schlampen-´[135].

Adjektive mit desemantisierter Suffixbedeutung werden mit folgenden Suffixen gebildet:

-евый, -овый (eigentlich Zugehörigkeitssuffix), vgl. *хуёвый, пиздовый, хреновый* `schlecht, scheiße, blöd, beschissen, lumpig´[136];

-еватый, -оватый, -еватенький, -оватенький (eigentlich Ausdruck der Ähnlichkeit), vgl. *пиздоватенький* `unansehnlich, schlecht, unwürdig, nichtsnutzig´, *хуеватый, хреноватый* `schlecht, nicht besonders gut´[137].

Dabei kommt es auch zu einer graduellen Differenzierung unter den Adjektiven, d.h. von *хреноватенький* zu *хреноватый* zu *хреновый* steigert sich der negative Gehalt.[138]

---

131 vgl. Kveselevič (2011), S. 950 u. vgl. Mokienko u. Nikitina (2004), S. 374.
132 vgl. Ermen (1993), S. 30.
133 vgl. ebd. S. 30 u. vgl. Kveselevič (2011), S. 205.
134 vgl. Ermen (1993), S. 31 u. vgl. Kveselevič (2011), S. 539.
135 vgl. Ermen (1993), S. 31, vgl. Kveselevič (2011), S. 47, 376, 598 u. 828 u. vgl. Mokienko u. Nikitina (2004), S. 271.
136 vgl. Ermen (1993), S. 31 u. vgl. Kveselevič (2011), S. 942 u. 946.
137 vgl. Ermen (1993), S. 31, vgl. Kveselevič (2011), S. 946 u. vgl. Mokienko u. Nikitina (2004), S. 256, 359 u. 362.
138 vgl. Ermen (1993), S. 31.

2.3.4 Adverbien und Partikeln

Adverbien und Partikeln werden lediglich durch das Lexem *хуй* und dessen Euphemismen gebildet, vgl. *до хуя, до хрена, до хера* ʽsehr viel, genug, massenhaftʼ, *на хуй, на хуя, на хер, на хера* ʽwozu?ʼ, *ни хуя, ни хера, хрена* ʽnichts, kein bisschenʼ, *не хуя* ʽnichtsʼ, *по хую* ʽscheißegalʼ, *какого хера, какого хрена* ʽwozuʼ u. a.[139]

Die Betonung liegt bei den vermittels von Präpositionen gebildeten Adverbien auf der Präposition oder der Deklinationsendung, was auf ihre eigentliche Bedeutung zurückzuführen oder durch die Verbindung von Substantiv und Präposition determiniert ist, vgl. *ни хуя́* (ничего́), *не́ хуя* (не́чего), *по хую́/по́ хую*. Allerdings kann es – besonders in Častuški der Prosodie wegen – zu Akzentverschiebungen kommen. In Bezug auf das Wort *хуй* sind die Angaben zum Akzent sogar unterschiedlich.[140]

2.3.5 Interjektionen

Interjektionen werden sowohl durch Apokopieren des Auslautes als auch vermittels Anfügen der Konsonanten -к- und/oder -с- gebildet. Allerdings können auch vollständige Substantive, ganze Syntagmen oder Verbalformen als Interjektionen fungieren, vgl. *блядь, заебись, ёб твою мать* u.a.[141]

Um Erstaunen oder Ärger auszudrücken, können folgende Interjektionen gebraucht werden: *бля* ʽverdammt, autschʼ (блядь), *ёб* ʽverdammt, autschʼ (ёб твою мать), *пердь* ʽverdammt, nicht zu fassenʼ (пердеть).[142]

Bei Schlägen oder Stürzen werden hingegen beispielsweise folgende verwendet: *хуяк* ʽzackʼ (хуй), *ёбс* ʽzackʼ (ебать, ёб твою мать).[143]

2.4 Semantik

In diesem Kapitel wird sich hauptsächlich mit der Semantik übertragen verwendeter Lexeme des obszönen Lexikons des Russischen beschäftigt. Darunter können wir obszöne Lexeme zum Ausdruck nichtobszöner Inhalte und nichtobszöne

---

[139] vgl. ebd. S. 38, vgl. Achmetova (1999), S. 466 u. 471 u. vgl. Kveselevič (2011), S. 940 u. 947 f.
[140] vgl. Ermen (1993), S. 38 f. u. Kveselevič (2011), S. 947–949.
[141] vgl. Ermen (1993), S. 38.
[142] vgl. ebd. S. 38.
[143] vgl. ebd. S. 38.

Lexeme zum Ausdruck obszöner Inhalte subsumieren.[144] Letztere gehören zwar weder zum мат im engeren noch im weiteren Sinne, sollen aber der Vollständigkeit halber Erwähnung finden, da zumindest ihre übertragende Bedeutung als Tabu angesehen werden kann. Anschließend wird kurz das Feld der obszönen Lexeme, die auch obszöne Inhalte ausdrücken, beleuchtet.

2.4.1 Obszönes für Nichtobszönes

Sexuelle und skatologische Lexeme sind Teil unterschiedlicher Bedeutungsfelder, wobei die Differenzen besonders im Bereich der Verben zu erkennen sind. Obszöne Lexeme zum Ausdruck nichtobszöner Inhalte sind dabei intensiv, konnotativ und semantisch diffus. Denn sie drücken Signifiés intensiver Natur aus. Diese sind kinetische oder negative Handlungen, deprekative Bezeichnungen von Sachen und Personen sowie demonstrative Verneinungen und superlativische negative bzw. positive Eigenschaften. Die Übertragungswege der Lexeme sind nicht verständlich, denn in einer Vielzahl von Fällen fußt der Transfer nicht auf dem Bild des primären Lexems, sondern auf der mit ihm verbundenen Konnotation. Das Verb ебать trägt beispielsweise nicht nur die Bedeutung `ficken, stoßen´, sondern zugleich auch weitere wie `schlagen, bestrafen, schimpfen, spucken, schwören, belästigen´, die auf dem Verständnis des Geschlechtsakts beruhen. Nicht zuletzt sind es bei einem Großteil der obszönen Lexeme der Kontext und die Funktion im Sprechakt, die die Bedeutung manifestieren, da viele Lexeme keine explizite Bedeutung haben.[145]

2.4.1.1 Substantive

Obszöne Substantive bezeichnen entweder kognitive Fakten, fungieren als subjektiv-wertende Benennung oder haben eine quasi-pronominale Funktion inne. Zur ersten Gruppe gehören vor allem Deverbative sexueller Lexeme, die negative Handlungen beschreiben, und skatologische Lexeme der Bedeutungsfelder Beschmutzen, Verderben und Sich-fürchten sowie Unikalbedeutungen sowohl sexueller als auch skatologischer Lexeme. In der zweiten Gruppe finden sich (de-)nominale Bezeichnungen, die die Sprechereinstellung gegenüber einer Person beschreiben. Und innerhalb der letzten Gruppe trifft man auf die Primärnomen хуй und пизда wie auch deren Derivative.[146]

---

144 vgl. ebd. S. 40.
145 vgl. ebd. S. 64, vgl. Achmetova (1999), S. 93 u. vgl. Mokienko u. Nikitina (2004), S. 132.
146 vgl. Ermen (1993), S. 51.

a) Bezeichnung kognitiver Fakten:
бздение ʻAngst, Schissʼ (бздеть ʻAngst/Schiss habenʼ)[147], *выёбывание*, *выебон* ʻÜbermut, Wichtigtuereiʼ (выёбываться ʻsich aufspielen, sich wichtigtunʼ)[148], *охуение* ʻWahnsinn, Begeisterungʼ (охуеть ʻverrückt werden, den Verstand verlieren, heftig überrascht seinʼ)[149], *вымандяхивание* ʻAusgangʼ (вымандяхивать ʻherausgehenʼ)[150], *выпиздюливание* ʻSchimpfen, Fluchenʼ (выпиздюливать ʻschimpfen, fluchenʼ)[151], *объёвка* ʻList, Täuschung, Betrugʼ (объебать ʻaustricksen, täuschenʼ), *обхуячивание* ʻTäuschung, Betrugʼ (обхуячиться ʻsich täuschenʼ)[152], *подъёбка* ʻHohn, Spott, bissige Bemerkung, fauler Trickʼ (подъебать ʻverspotten, auslachen, bissige Bemerkung machenʼ)[153]

b) Subjektiv-wertende Benennungen:
Diese Nomen lassen sich, wenn sie Dinge und Abstrakta bezeichnen, fast in allen Fällen mit ʻBlödsinn, Mist, Quark, (gequirlte) Scheiße, Schrottʼ und, wenn sie Personen benennen, fast immerzu mit ʻArschloch, Depp, dumme Sau, dummes Schwein, Idiot, Kackbratze, Pisser, Pissnelke, Wichserʼ übersetzen. Invektiva haben keine genauen Differenzierungen. Selbst jene, die eine explizite Bedeutung haben, können auch allgemein beleidigend sein. Allerdings beziehen sich die Personenbenennungen nicht auf die Realität, d.h. eine als *блядь* bezeichnete Person kann eine treue Frau oder auch ein Mann sein, die sich nicht prostituieren. Im Bereich der deprekativ-invektiven Benennungen sind sexuelle und skatologische Lexeme anzutreffen. Manche Bedeutungen von Personenbezeichnungen sind dabei geschlechtsspezifisch und manche geschlechtssouverän.[154]

Anstößige Invektiva werden in diesem Zusammenhang a) durch die Existenz eines obszönen Semems, b) vermittels der Gleichstellung einer Person mit einem Geschlechtsorgan oder Exkrement oder c) durch eine Beschuldigung einer sexuellen Handlung bzw. negativ angesehenen sexuellen Orientierung zu einer Beleidigung. Besonders häufig im Russischen sind hier die Invektiva des zweiten Typs, d.h. jene, die durch metaphorische Übertragung zustande

---

147 vgl. ebd. S. 51 u. vgl. Achmetova (1999), S. 13.
148 vgl. Achmetova (1999), S. 48 u. vgl. Ermen (1993), S. 51.
149 vgl. Achmetova (1999), S. 273 f. u. vgl. Ermen (1993), S. 51.
150 vgl. Achmetova (1999), S. 51.
151 vgl. ebd. S. 53.
152 vgl. ebd. S. 236.
153 vgl. Ermen (1993), S. 51 u. vgl. Mokienko u. Nikitina (2004), S. 265.
154 vgl. Ermen (1993), S. 52.

kommen. Durch ein Adjektiv kann dies noch verstärkt werden, d.h. eine *Fotze* ist noch lange nicht so schlimm wie eine *alte Fotze*. Besonders schlimm ist die Beleidigung eines Mannes vermittels des zuletzt genannten Wortes. Denn es wird nahezu als vernichtend empfunden, wenn ein Mann mit dem weiblichen Geschlechtsorgan verglichen wird. Der dritte Typus der Beleidigung ist geprägt durch Normabweichungen, was für Frauen allein schon promiskuitives Verhalten ist. Für Männer ist indes all das beleidigend, was als weiblich angesehen wird sowie zur Homosexualität gehört. Dabei ist es für einen Mann noch schlimmer, wenn er als *хуесос* denn als *пиздосос* beschimpft wird.[155]

Dinge und Abstrakta:
говно ʼScheißding, Schrottʼ[156], *пиздулечка, пиздулька* ʼkleines Scheißding, Schrott, Nippesʼ[157], *пиздюлина* ʼkleines Scheißding, Schrottʼ[158], *хуёвина, херовина, хреновина* ʼScheißding, Schrott, Mist, Blödsinnʼ[159], *хуйня, херня* ʼirgendein(e) Kleinigkeit, Scheißding, Schrott, Mist, Blödsinnʼ[160], *хуюлина* ʼirgendein Scheißʼ[161], *хуяция* ʼScheißding, Schrott, Scheiß, Blödsinnʼ[162]

> *Я такую **хуёвину** не возьму.*[163]
> Ich nehm' so 'nen **Schrott** nicht.

Geschlechtssouveräne Bedeutungen:
бздун/бзунья ʼFeigling, feige Sau, feiges Arschlochʼ, *говнюк/говнюха* ʼMiststück, Scheißer, Scheißkerlʼ, *жопа* ʼArsch, Arschlochʼ[164], *засранец/засранка* ʼSchmutzfink, Drecksauʼ[165], *пиздорван, пиздорванец/пиздорванка* ʼSchuft, gemeine Sau, Wüstlingʼ[166]

---

155 vgl. ebd. S. 53–55.
156 vgl. Achmetova (1993), S. 62.
157 vgl. Mokienko u. Nikitina (2004), S. 257.
158 vgl. Achmetova (1999), S. 312.
159 vgl. Achmetova (1999), S. 474 u. 472 u. vgl. Mokienko u. Nikitina (2004), S. 352 u. 359.
160 vgl. Achmetova (1999), S. 500 u. vgl. Mokienko u. Nikitina (2004), S. 351 u. 372.
161 vgl. Mokienko u. Nikitina (2004), S. 374.
162 vgl. Achmetova (1999), S. 504.
163 Ermen (1993), S. 52.
164 vgl. ebd. S. 53.
165 vgl. Mokienko u. Nikitina (2004), S. 158.
166 vgl. ebd. S. 256 f.

Geschlechtsspezifische Bedeutungen:
maskulin: *блядун* `Wüstling, Schuft`[167], *блядь* `gemeiner Kerl`, *дрочила* `Wichser`, *жопоёб* `Arschficker`, *курва* `gemeiner Kerl, Schurke, Schuft`, *мудак* `Arsch, Idiot`, *пидарас* `Schlappschwanz, Schwuchtel`, *пизда* `Arsch`, *пиздосос* `Schlappschwanz`, *сука* `gemeiner Kerl, Schurke, Schuft`, *(старый) хуй* `(alter) Arsch`, *хуй моржовый* `Arschloch`, Schurke, Schuft`[168]
feminin: *(старая, мокрая) пизда* `(alte, nasse) Fotze, (dumme) Kuh, Ziege, Nutte, Hure`[169], *блядь* `Hure, Nutte, Zicke`, *курва* `Hure, Nutte, Zicke`, *сука* `Hure, Nutte, Zicke`[170], *сухобзделка* `Nichtsnutz`[171]

c) Substantive mit quasi-pronominaler Funktion:
Die Substantive *пизда*, *хуй* und *пиздовина*, *хуёвина* können als Indefinitpronomen fungieren sowie stellvertretend anstelle der Wörter *вещь*, *женщина*, *мужчина* stehen. Als Indefinitpronomen werden dabei zumeist *какой-то*, *какая-то* hinzugefügt. Die pronominalen Lexeme sagen dabei nichts über die Beschaffenheit der durch sie bezeichneten Dinge oder Personen aus. Sie unterscheiden lediglich die Kategorie belebt/unbelebt sowie das Geschlecht.[172]

[*Там идёт*] ***хуй в очках***.[173]
*Da geht **(irgend-)jemand, ein Kerl, ein Mann** mit Brille.*
*На поле лежит какая-то **пиздовина**.*[174]
*Auf dem Boden liegt **irgendetwas, irgendein Ding**.*

2.4.1.2 Verben

Das System der Verben, die von genital-sexuellen Lexemen abgeleitet sind, ist im Gegensatz zu den Verben von skatologischen und solchen aus dem Bereich der Prostitution hergeleiteten, sehr komplex.[175] Aus diesem Grund widme ich mich zuerst den formalsexuellen und anschließend den formalskatologischen Verben. Innerhalb der sexuellen Lexeme subsumiere ich noch einmal in semantisch ein- und mehrdeutige Verben.

---

167 vgl. Achmetova (1999), S. 18.
168 vgl. Ermen (1993), S. 53.
169 vgl. ebd. S. 53 u. vgl. Achmetova (1999), S. 297.
170 vgl. Ermen (1993), S. 53.
171 vgl. Achmetova (1999), S. 434.
172 vgl. Ermen (1993), S. 56 f.
173 Mokienko u. Nikitina (2004), S. 369.
174 Ermen (1993), S. 56.
175 vgl. ebd. S. 40.

Semantisch mehrdeutige formalsexuelle Verben

Verben, die zum *мат* zählen, stehen stellvertretend für Verben mit fester Bedeutung. Dabei sind unpräfigierte Verben fast ausnahmslos semantisch leer. Denn sie drücken lediglich die Intensität der zu benennenden Tat aus. Eine Bedeutung ergibt sich erst aus dem Kontext, weshalb es wichtig ist, sie semantisch, d.h. lexikalisch, morphologisch und syntaktisch zu interpretieren. Ermen führt hier Dreizin und Priestley an, die dafür vier Typen vorsehen: die Rektion, die lexikalische Information, der allgemeine Kontext und die morphologische Struktur.[176] Dies soll kurz erläutert werden:

Die Rektion spielt deshalb eine Rolle, da unterschiedliche Rektionen auch unterschiedliche Bedeutungen mit sich ziehen. Im Satz „Мы ёбнули за успех науки."[177] haben wir die Satzstruktur *Verb + за + Akkusativ*, weshalb sich der Satz mit „Wir tranken auf den Erfolg der Wissenschaft." ergibt. Der Satz „У Васьки ёбнули пайку."[178] hingegen ist nach der Satzstruktur *у + Genitiv + Verb + Akkusativ* gebildet. Hier hat dasselbe Verb deshalb auch eine andere Bedeutung. Der Satz lautet korrekt übersetzt „Sie haben Vas'jas Brotration geklaut."[179]

Dennoch genügt die Rektion nicht, um die Bedeutung herauszufinden. Denn die Rektion alleine erlaubt verschiedene Interpretationen. Um also genauer zu bestimmen, muss man sich der lexikalischen Bedeutung der Satzglieder bedienen. Der Satz „Он шёл за меня." besitzt die gleiche Satzstruktur wie der erstgenannte Satz aus dem letzten Absatz. Dennoch ist es kaum möglich „auf die Erfolge der Wissenschaft zu gehen". Hier passt nur, auf sie zu trinken.[180]

Nicht zuletzt ist es aber auch der Kontext, der Beachtung finden muss. Denn ein Satz wie „Тогда Анатолий Лену выебал." kann verschieden gedeutet werden. Anatolij könnte Lena *gefickt*, *verprügelt* oder aber *zur Sau gemacht* haben.[181]

Da Präfixe bei Verben die Interpretationsmöglichkeit verringern, sind sie besonders hilfreich. Denn bei von obszönen Lexemen abgeleiteten Verben wird das Präfix des Primärverbs oft übernommen. *Захуяить* kommt von *забить* und bedeutet so ʻreinknallen, reindonnern, reinschlagenʼ, *обхуярить* ist von *обмануть* hergeleitet, was ʻbetrügen, täuschen, reinlegenʼ heißt, und *отхуярить* verstehen wir als ʻabsitzen, abbrummenʼ, da es von *отсадить* bzw. *отслужить* abgeleitet

---

176 vgl. ebd. S. 40 f.
177 ebd. S. 41.
178 ebd. S. 41.
179 vgl. ebd. S. 41.
180 vgl. ebd. S. 42.
181 vgl. ebd. S. 42.

wurde. Da allerdings manche obszönen Verben eine feste Bedeutung haben, können sie mit Präfixen in ihrer Bedeutung spezialisiert werden. Wenn also *пиздеть* ʼlabern, quatschenʼ bedeutet, so heißt *пропиздеть* ʼeine Weile lang labernʼ und *попиздывать* ʼvon Zeit zu Zeit quatschenʼ. Ebenfalls durch Präfigierung spezialisiert werden können solche Verben, die in einer bestimmten Bedeutung sehr oft vorkommen wie beispielsweise *хуячить* ʼschlagen, hauen, pfeffern, knallenʼ. Keine große Bedeutung bei der Interpretation von obszönen Verben spielen der Aspekt und das Semelfaktivum.[182]

Мат-Verben sind nicht endlos polysem. Zumeist repräsentieren sie eine Bewegung oder eine negativ nuancierte Handlung. Dabei betonen sie die Intensität der Tätigkeit, d.h. Handlungen, die mit Anstrengung und Mühe oder besonderer Geschwindigkeit vollzogen wurden. Ungeachtet der semantischen Mannigfaltigkeit erkennt man bei den formalsexuellen Verben Schwerpunkte, die sich, so Ermen, in drei Gruppen subsumieren lassen: a) Bewegung des Körpers, von Körperteilen oder Objekten, b) Verrichtung einer negativen Handlung und c) negativ konnotierte, nicht objektgerichtete Handlungen. Andere Bedeutungen sind meist unikal. Prozesse des Denkens und Fühlens lassen sich vermittels von *мат*-Verben kaum ausdrücken. Vielmehr sind es konkrete, alltägliche Handlungen, die durch solche Verben benannt werden können. Sie sind dabei auf der einen Seite mannigfaltig in ihrem Gebrauch, auf der anderen Seite weisen sie jedoch zugleich einen Mangel an Genauigkeit auf.[183]

a) Bewegung

Fallen, schlagen, stecken, stoßen, werfen etc.: *вмандохать, вхуйнуть* ʼreinknallen, reinschlagen, reindonnernʼ[184], *ебануться, ебнуться, мандякнуться, наебнуться, пиздануться, хуякнуться* ʼhinfliegen, auf die Fresse fallenʼ[185], *измудохать, распиздошить, отхуякнуть* ʼkaputthauen, die Fresse polierenʼ[186], *наебать, напиздить, нахуярить* ʼreinschlagen, draufknallenʼ[187], *разъебать* ʼzerschlagen, kaputthauenʼ[188], *хуяриться, хуячиться* ʼsich kloppen, sich prügelnʼ[189]

---

182   vgl. ebd. S. 42 f.
183   vgl. ebd. S. 43 f. u. 47.
184   vgl. Achmetova (1999), S. 30 u. 42.
185   vgl. ebd. S. 92, 105, 186, 203, 304 u. 502.
186   vgl. Ermen (1993), S. 44.
187   vgl. ebd. S. 44.
188   vgl. ebd. S. 44.
189   vgl. Achmetova (1999), S. 503 f.

За кремлевскою стеной,
Слышу, кто-то охает.
Это Мишку Горбачева
Пьяницы **мудохают**.[190]
Hinten an der Kreml-Mauer,
Hör' mal, wer da ächzt.
Das ist Michi Gorbačëv,
Den Besoff'ne **verhau'n**.

Fortbewegung: *вмандохивать, впизживать, хреначить, хуюжить, хуякать, хуярить, хуяшить* ʽgehen, laufen, latschen, schlendern, trotten'[191], *впизживаться* ʽhineingehen'[192], *выпиздошиться, съебать, съебаться, умандовать, упиздить, ухуярить* ʽabhauen, fortgehen, sich davonmachen, verduften'[193], *заебаться* ʽsich verpissen, sich vom Acker machen',[194] *замандюливать, захуячивать, намандюливать* ʽlaufen, rasen, spurten, sprinten, hasten'[195], *замандалиться, замандюлиться* ʽirgendwohin gehen, verschwinden'[196], *пиздовать, пиздюхать* ʽgehen, latschen, schlendern, herumlaufen'[197]

Васька, ты опять свою блядищу на абортаж **отхуярил**?[198]
Vas'ka, hast Du Deine Hure wieder zum Abtreiben **geschickt**?

b) Verrichtung einer negativen Handlung auf eine dritte Person
Fertigmachen, rügen, strafen etc.: *всконаёбить* ʽfoltern'[199], *выебать, проебать, разъебать, распиздячить* ʽzur Sau machen, anschauzen, anfahren'[200], *выебать* ʽbestrafen'[201], *выпиздяхать, измандовать, измудохать, изъебать, изпиздюхать, размандюшить, разъебенить* ʽzu-

---

190   ebd. (1999), S. 199.
191   vgl. ebd. S. 30, 38, 472, 500 f. u. 503 f. u. vgl. Ermen (1993), S. 45.
192   vgl. Achmetova (1999), S. 38.
193   vgl. ebd. S. 53, 436 f., 451, 453 u. 459 u. vgl. Ermen (1993), S. 44.
194   vgl. Ermen (1993), S. 45.
195   vgl. Achmetova (1999), S. 132, 148 u. 206.
196   vgl. ebd. S. 132 f.
197   vgl. ebd. S. 308 u. 313 u. vgl. Ermen (1993), S. 45.
198   Achmetova (1999), S. 6.
199   vgl. ebd. S. 40.
200   vgl. Ermen (1993), S. 45.
201   vgl. Mokienko u. Nikitina (2004), S. 99.

sammenscheißen, zusammenstauchen ′²⁰², *перемандюкать, перепиздюкать* `einen nach dem anderen fertigmachen ′²⁰³, *ебать* `fertigmachen ′²⁰⁴

> *Правильно сделал, что **перемандюкал** их. Может быть, теперь меньше приёбываться будут.*²⁰⁵
> Richtig gemacht, dass Du sie **einen nach dem anderen zusammengestaucht hast**.
> Vielleicht werden sie jetzt weniger herumnörgeln.

Auf die Nerven gehen, belästigen, ermüden etc.: *доебениться, доебёхаться, ебать, приебаться, примандоваться, припиздюхаться, прихуяшиться* `belästigen, auf die Eier gehen ′²⁰⁶, *доебать, заебать, настоебениться, облямудеть, оговнопиздеть, остоебенить, остоебеть, остопиздеть, остохуеть* `nerven, langweilen, auf die Eier gehen ′²⁰⁷

> *Он меня совсем **доебал** со своими вопросами.*²⁰⁸
> Er ist mir mit seinen Fragen (so dermaßen) **auf die Eier gegangen**.

Belügen, bestehlen, betrügen etc.: *запиздеть* `anfangen zu lügen, betrügen, täuschen ′²⁰⁹, *наебать, напиздить, обмандовать, обмудохать, обмудить, обпиздить, обхуярить, объебать, объебнуть* `betrügen, täuschen, verarschen, reinlegen ′²¹⁰, *омандовать, омандюлить, опиздить* `verleumden ′²¹¹, *ебнуть, ёбнуть, пиздануть, подпиздить, смандюлить, смандюрить, спиздить, спиздохать, схуячить, съебахать, упиздить, хуйнуть, хуякнуть* `klauen, stehlen, ergaunern, bestehlen, einstecken ′²¹², *намудиться, напиздить, напиздовать* `heftig lügen ′²¹³, *смандёхивать,*

---

202   vgl. Achmetova (1999), S. 54, 152, 154 f., 160, 395 u. 397.
203   vgl. ebd. S. 284 u. 288.
204   vgl. Ermen (1993), S. 45.
205   Achmetova (1999), S. 284.
206   vgl. ebd. S. 73, 93, 361, 363, 368 u. 372.
207   vgl. ebd. S. 214 u. 251 f., vgl. Ermen (1993), S. 45 u. Mokienko u. Nikitina (2004), S. 122, 154, 227 u. 230.
208   Ermen (1993), S. 46.
209   vgl. Mokienko u. Nikitina (2004), S. 156.
210   vgl. Achmetova (1999), S. 203, 208, 223, 226 f., 229 u. 236–238.
211   vgl. ebd. S. 241 f. u. 246.
212   vgl. ebd. S. 104, 304, 417 f., 423 f., 436 f., 453, 499 u. 502 u. vgl. Mokienko u. Nikitina (2004), S. 134 u. 264.
213   vgl. Achmetova (1999), S. 208 f.

смудоховать `ständig lügen´²¹⁴, *спиздяхивать* `lügen, schwindeln´²¹⁵, *хуйнуть* `lügen, schwindeln, täuschen, verarschen´²¹⁶

> Он не верил ему, давно понял, что **намандяхивает** днём и ночью.²¹⁷
> Er glaubte ihm nicht. Denn er hat schon lange verstanden, dass er **ohne zu ermüden** Tag und Nacht **lügt**.

Gering schätzen, verabscheuen, verachten etc.: *ебать* `auf etwas scheißen, einen feuchten Dreck drum geben, verachten´²¹⁸

> Ну уж это я **ебу** – бесплатно тебя брить!²¹⁹
> **Einen feuchten Dreck werde ich drauf geben**, Dich gratis zu rasieren!

c) Negativ konnotierte, nicht objektgerichtete Handlungen

Unproduktive Beschäftigungen und Tätigkeiten: *выдрачиваться, выебёхиваться, выёбываться* `angeben, sich aufspielen´²²⁰, *мудиться над чем* `rummachen, sich erfolglos mit etwas beschäftigen´²²¹, *пиздовать, пиздячить* `rumhängen, rummachen´²²², *хуячить* `herumlungern, sich herumtreiben, nichts tun, sich langweilen´²²³

> Идет Христос по воде, подбегает к нему апостол Петр:
> – Учитель, там апостол Павел тонет.
> – Скажи ему, пусть не **выёбывается**, а идет, как все, по камушкам.²²⁴
> Christus geht durch's Wasser, als der Apostel Petrus an ihn herantritt:
> „Meister, dort ertrinkt Apostel Paul."
> „Sag ihm, er möge sich nicht so **aufspielen**", und geht weiter, wie alle, über die Steinchen.

Energie verlieren: *выебаться, заебаться, уебаться, уебениться, умандоваться, упиздюкаться, чем, с кем* `(stark) ermüden´²²⁵,

---

214 vgl. ebd. S. 416 u. 419.
215 vgl. ebd. S. 426.
216 vgl. Mokienko u. Nikitina (2004), S. 372.
217 Achmetova (1999), S. 207.
218 vgl. Ermen (1993), S. 46.
219 ebd. (1993), S. 46.
220 vgl. Achmetova (1999), S. 46 u. 48.
221 vgl. Ermen (1993), S. 46.
222 vgl. ebd. S. 46.
223 vgl. Mokienko u. Nikitina (2004), S. 375.
224 Achmetova (1999), S. 48.
225 vgl. ebd. S. 47, 125, 448 f., 451 u. 454 u. vgl. Mokienko u. Nikitina (2004), S. 155 u. 332.

измандякаться, изъебашиться, испиздоваться, уебёхаться, умудохать, ухуякаться ʼsich abrackern, schuften, sich plagen, ermüden ʼ²²⁶, *исхуячиться* ʼvon Kräften kommen, ermüden ʼ²²⁷

> *Отдыхать надо было вчера почаще, не замандяхиваться так сильно.*²²⁸
> Hätte man sich gestern öfters erholt, wäre man (heute) nicht so sehr **ausgelaucht**.

d) Unikalbedeutungen

въебуриться ʼsich verknallen ʼ²²⁹, *доебёшиться* ʼsich überlegen, schlussfolgern, zu Ende denken ʼ²³⁰, *наебаться, намандошиться, намудохаться, нахуяриться* ʼsich besaufen, sich volllaufen lassen ʼ²³¹, *опизденеть* ʼbaff sein, verdutzt sein ʼ²³², *охуеть* ʼ(vor Freude) verrückt werden, baff sein ʼ²³³, *пиздеть* ʼschwatzen, labern ʼ²³⁴

> *Жена мужу:*
> *– Не понимаю, как можно сидеть все воскресенье в пивном баре?*
> *– Зачем тогда пиздешь о вещах, которых не понимаешь!*²³⁵
> Frau zum Mann:
> „Ich verstehe nicht, wie man den ganzen Sonntag in der Kneipe sitzen kann?"
> „Warum **redest** Du dann über Sachen, die Du nicht verstehst!"

Semantisch eindeutige formalsexuelle Verben
Wenige Verben haben eine stabile Bedeutung. Dies sind entweder Verben, bei denen eine einmalige Form eine explizite Bedeutung innehat, oder aber polyseme Basisformen, die mit einem bestimmten Präfix eine explizite Bedeutung besitzen, vgl. *въебуриться* ʼsich verknallen ʼ⁷⁸, *распиздошить* ʼzerschlagen ʼ²³⁶, *охуеть* ʼ(vor Freude) verrückt werden, baff sein ʼ⁸².

> *Пьяница утром подносит стакан водки ко рту и спрашивает:*
> *– Душа, принимаешь?*
> *– Нет!*
> *Тот опизденел.*

---

226 vgl. Achmetova (1999), S. 153, 155, 159, 449, 453 u. 459.
227 vgl. ebd. S. 163.
228 ebd. S. 134.
229 vgl. ebd. S. 45.
230 vgl. ebd. S. 74.
231 vgl. ebd. S. 206 u. 208 u. vgl. Ermen (1993), S. 47.
232 vgl. Ermen (1993), S. 47.
233 vgl. ebd. S. 47.
234 vgl. ebd. S. 47.
235 Achmetova (1999), S. 306.
236 vgl. Ermen (1993), S. 48.

> – Последний раз спрашиваю: да иль нет?
> – Нет!
> – Ну посоронись, а то оболью! [237]
> Ein Säufer führt morgens ein Glas Vodka zum Mund und fragt:
> „Seele, nimmst Du an?"
> „Nein!"
> Er **war baff**.
> „Ich frage das letzte Mal: ja oder nein?"
> „Nein!"
> „Nun denn, mach die Bahn frei, sonst begieß ich Dich!"

Allerdings ist, wie bereits zu Beginn des Kapitels beschrieben, die Mehrzahl der *мат*-Verben semantisch diffus. Kann man die kinetischen Verben noch in etwa mit der Bewegung beim Geschlechtsverkehr in Verbindung setzten, so sind die Bedeutungen mancher Verben wahrlich nicht mit der ihrer Primärlexeme vereinbar, vgl. *хуячить* ʽsich herumtreiben, herumlungern, nichts tun, sich langweilenʼ oder *пиздюхать* ʽgehen, latschen, schlendern, herumlaufenʼ[53]. Vom Primärlexem *блядь* und dessen Stellvertretern gebildete Verben beziehen sich jedoch oft auf ihren motivierenden Stamm, vgl. *блядовать, блядствовать* ʽherumhuren, huren, zu Huren gehenʼ[238], *курвяжиться* ʽherumhuren, sich wie eine Hure benehmenʼ[239].

Formalskatologische Verben
Skatologische Verben weisen semantisch gesehen eine stärkere Grenze auf als die sexuellen. Ihre übertragene Bedeutung ist unweit von ihrer eigentlichen, da zwischen beiden logische Verhältnisse vorherrschen. Die Defäkation (und auch Miktion) kann als verschmutzend angesehen werden, und Blähungen verursachen Gestank. Wer jemanden diskreditiert, beschmutzt dessen Ruf. Wer Angst hat, macht sich in die Hose. Die Bedeutungen der formalskatologischen Verben sind ergo leichter zu ermitteln und zudem nicht so stark variabel wie die der formalsexuellen Lexeme. Trotzdem finden sich auch bei diesen Verben drei Gruppen sowie nicht zuordenbare Unikalbedeutungen: a) Verschmutzen, b) Verderben und c) Angst bzw. Furcht haben.

---

237 Achmetova (1999), S. 246.
238 vgl. ebd. S. 16 u. 18 u. Mokienko u. Nikitina (2004), S. 84 f.
239 vgl. Achmetova (1999), S. 176.

a) Verschmutzen:

заговнять `verschmutzen, beschmutzen, verdrecken, große Unordnung machen`[240], *засеривать* `mit der eigenen Scheiße beschmutzen`[241], *засикать* `mit Pisse beschmutzen`[242], *засирать* `beschmutzen, besudeln (mit Exkrementen), verschmutzen, dreckig machen`[243], *обосрать* `beschmutzen, verschmutzen, versauen (mit Scheiße)`[244], *обхезать* `beschmutzen, verdrecken`[245]

> *Хуем не корми, любишь ты все **засирать**... Попиздишь с тобой минутку, а моешься потом час, чтоб вонь смыть. Уёбывай отсюда в пизду!* [246]
> Laber keine Scheiße, liebst es alles **in den Dreck zu ziehen** ... Wenn man mit Dir eine Minute redet, muss man sich danach eine Stunde waschen, um den Gestank loszuwerden. Sie zu, dass Du, verfickt nochmal, Land gewinnst!

b) Verderben:

говнять `verderben, vermasseln, versauen`, *изговняться* `daneben gehen, in die Hose gehen`, *набздеть* `jdm. die Stimmung verderben`[247]

> *Пришёл этот Иванов и всё **набздел**.*[248]
> Da kam der Ivanov, und **die Stimmung war im Arsch**.

c) Angst bzw. Furcht haben:

бздеть `Angst haben`[249], *обсираться* `Schiss haben, sich in die Hose machen, feige sein`[250], *сикать, ссать* `feige sein, Angst haben, sich einpissen`[251], *срать, хезать* `feige sein, Angst bzw. Schiss haben, sich einscheißen`[252]

> *Главное **не ссать**, а делать все на полную катушку.*[253]
> Das Wichtigste ist, **sich nicht einzupissen**, sondern alles mit voller Kraft zu tun.

---

240 vgl. Mokienko u. Nikitina (2004), S. 151.
241 vgl. Achmetova (1999), S. 143.
242 vgl. ebd. S. 143.
243 vgl. Achmetova (1999), S. 143 u. vgl. Mokienko u. Nikitina (2004), S. 158.
244 vgl. Achmetova (1999) S. 227 u. vgl. Ermen (1993), S. 49.
245 vgl. Achmetova (1999), S. 235.
246 ebd. (1999), S. 143.
247 vgl. Ermen (1993), S. 49 f.
248 ebd. (1999), S. 50.
249 vgl. Achmetova (1999), S. 13.
250 vgl. Ermen (1993), S. 50.
251 vgl. Mokienko u. Nikitina (2004), S. 301 u. 311.
252 vgl. Achmetova (1999), S. 465 u. vgl. Mokienko u. Nikitina (2004), S. 311.
253 Achmetova (1999), S. 430.

d) Unikalbedeutungen:

вжопиться ʼin unangenehme Situationen geratenʼ[254], *выпердеть* ʼmit viel Mühe, Anstrengung vollbringenʼ, *выпёрдываться* ʼsich aus dem Staub machenʼ, *высрать* ʼsich aussprechenʼ[255], *говниться* ʼekelhaft, fies, unehrlich sein, ausschimpfen, anschnauzenʼ[256], *обосрать* ʼverleumden, ausschimpfen, anschauzen, in Schwierigkeiten geratenʼ[257], *обоссаться, обереться* ʼweiche Knie bekommen, sich erschreckenʼ[258]

> ... *вроде Егора, которого ты приютил, а он тебя с ног до головы* **обосрал**.[259]
> ... *so wie Egor, den Du aufnahmst, doch der hat Dich von oben bis unten* **verunglimpft**.

2.4.1.3 Adjektive und Partizipien

Obszöne Adjektive und Partizipien sind entweder superlativisch und dann meistens prädikativ gebraucht, oder fungieren als negative Ausdrucksverstärker und werden dann zumeist attributiv verwendet. In den wenigsten Fällen besitzen sie keine explizite Bedeutung. Vielmehr sagen prädikativ gebrauchte Adjektive und Partizipien aus, dass etwas sehr schlecht oder sehr gut ist, vgl. dt. *geil, irre, krass, super, deli* etc. (positiv) und *scheiß, beschissen, blöd, bescheuert* etc. (negativ). Indes fungieren attributiv verwendete Adjektive und Partizipien nur als Ausdrucksverstärker, vgl. *hammer, urst, mega, verdammt, verflucht, verfickt* etc. Zu den wertenden und ausdrucksverstärkenden Adjektiven und Partizipien kommen noch einige Adjektive hinzu, die eine explizite Bedeutung haben.[260]

Die Verschiedenheit der beiden ersteren soll hier des besseren Verständnisses wegen kurz an einem Beispiel erläutert werden:

> *хуёвая погода* ʼ**beschissenes** Wetterʼ,
> *погода – хуёвая* ʼdas Wetter ist **beschissen**ʼ,
> *ёбаная погода* ʼ**verdammtes** Wetterʼ.[261]

---

254 vgl. ebd. S. 27.
255 vgl. Ermen (1993), S. 50.
256 vgl. ebd. S. 50 u. vgl. Achmetova (1999), S. 61.
257 vgl. Achmetova (1999), S. 227 u. vgl. Ermen (1993), S. 50.
258 vgl. Achmetova (1999), S. 228 u. 233.
259 Ermen (1999), S. 50.
260 vgl. ebd. S. 57 f.
261 vgl. ebd. S. 58.

a) Wertende Adjektive und Partizipien:
sehr gut: *заебательский, заебический, невъебенный, облямуденный, оманденный, опизденный, пиздатый* `sehr gut, ausgezeichnet, perfekt, geil, irre, super´[262];
sehr schlecht: *говённый, дерьмовый, заёбанный, запизденилый, засратый, пиздоватенький, пиздоватый, пиздовый, сраный, херовый, хреновый, хуеватенький, хуеватый, хуёвый, хуиный* `beschissen, bescheuert, scheiße, blöd, dämlich´[263].

> *У армянского радио спросили:*
> *Можно ли хуем разрубить дуб?*
> *Можно. Если дуб **хуёвый**, а хуй дубовый.*[264]
> Im armenischen Radio wurde gefragt:
> „Kann man mit einem Schwanz eine Eiche fällen?"
> „Klar, kann man. Wenn die Eiche **scheiße** und der Schwanz aus Eichenholz ist."

b) Ausdrucksverstärkende Adjektive und Partizipien:
блядский, ёбаный, ебучий `verdammt, verfickt, verflucht´ sowie *ебитский, ебический* nur in der Formel *ебитская/ебическая сила* `Junge, hol's der Teufel!´[265];

> *Нужна она лично мне эта наука **ебучая**?* [266]
> Brauch ich denn diese **verfickte** Wissenschaft überhaupt?

c) Adjektive mit einer expliziten Bedeutung:
безмудый `Feige, ohne Eier´[267], *бздительный* `feige, ängstlich´[268], *выебаный* `müde´[269], *выёбистый* `arroganter Sack, Angeber´[270], *говнистый* `Widerling, ekelhafter Mensch´[271], *задроченный, заёбанный, замудоханный, затраханный* `müde, übermüdet´[272], *заёбистый* `Streitsüchtiger, Lüstling,

---

262 vgl. Achmetova (1999), S. 126, 128, 223, 227, 240, 246 u. 304.
263 vgl. ebd. S. 61, 71, 125, 136, 144, 308, 467, 472, 474 f. u. 477, vgl. Ermen (1993), S. 57 u. Mokienko u. Nikitina (2004), S. 310.
264 Achmetova (1999), S. 475.
265 vgl. Ermen (1993), S. 58.
266 ebd. (1993), S. 58.
267 vgl. Achmetova (1999), S. 12.
268 vgl. ebd. S. 14.
269 vgl. ebd. S. 47.
270 vgl. ebd. S. 48 u. vgl. Ermen (1993), S. 58.
271 vgl. Achmetova (1999), S. 61.
272 vgl. ebd. S. 124 f., 135 u. 145.

Nymphoman'²⁷³, *мудяшный* ʻwinzig, dumm bedeutungslos'²⁷⁴, *недоёбаный*, *припизденный* ʻalbern, dämlich, bekloppt, Tölpel'²⁷⁵, *поебанный* ʻschlampig, unordentlich, dreckig, traurig, jämmerlich'²⁷⁶, *приёбистый* ʻNörgler'²⁷⁷

> А у девки одно в голове, как бы выйти замуж за **безмудого** Ивана.²⁷⁸
> Aber das Fräulein hatte nur im Kopf, wie sie den **feigen** Ivan heiraten könne.

2.4.1.4 Adverbien und Partikeln

Die Lexeme *хуй*, *хер* und *хрен* können alleinstehend oder mit den Präfixen *ни-* und *не-* als Negationspartikel fungieren sowie mit anderen Lexemen als feste Zusammensetzungen Adverbial- und Partikelfunktionen einnehmen²⁷⁹, vgl. Kapitel 2.3.4.

Die Verwendung dieser Lexeme als Partikel hat sich dabei wohl, so Ermen, aus Formulierungen wie *ни хуя не получишь*, *хуй получишь* ʻ(k)einen Dreck wirst du kriegen' und *хуй сделаю* ʻeinen Dreck werdʻ ich tun' entwickelt. *Хуй* symbolisiert hier die kleinste und zugleich wertloseste Einheit, die zur Steigerung der Negation beiträgt, vgl. *keinen Pfennig* als kleinste Währungseinheit im Deutschen. Die obszönen Varianten können expressiver sein, müssen dies aber nicht, falls sie von einem Sprecher gewohnheitsbedingt verwendet werden²⁸⁰, vgl. Kapitel 3.1.

> Куриных богов на пляже **до хера** и больше.²⁸¹
> Hühnergötter²⁸² gibtʼs am Strand **verdammt viele!**
> Я лежу, не охаю,
> Мне теперь все **по хую**.²⁸³
> Ich liege hier und seufze nichʻ,
> Denn mir isʻ alles **gleichgültig**.

---

273 vgl. ebd. S. 128 u. vgl. Ermen (1993), S. 58.
274 vgl. Achmetova (1999), S. 200.
275 vgl. ebd. S. 217 u. 366 u. vgl. Ermen (1993), S. 59.
276 vgl. Achmetova (1999), S. 336.
277 vgl. ebd. S. 362.
278 ebd. (1999), S. 12.
279 vgl. ebd. S. 471 u. vgl. Ermen (1993), S. 59.
280 vgl. Ermen (1993), S. 59.
281 Achmetova (1999), S. 466.
282 Als Hühnergötter bezeichnet man folkloristisch Steine mit einem natürlich entstandenen Loch.
283 Achmetova (1999), S. 486.

2.4.1.5 Füllwörter und Interjektionen

Füllwörter und Interjektionen sind vielmehr durch ihre Funktion im Satz als vermittels einer expliziten Bedeutung determiniert. Als Interjektionen und Füllwörter können einige Substantive wie beispielsweise *жопа* ʿArschʾ, *хуй* ʿSchwanzʾ und *блядь* ʿNutteʾ – letzteres oft in apokopierter Form *бля* –, Verben wie *заебись* ʿverdammt, irre, gut, geilʾ, *расперематерь* oder feste Wortverbindungen und ganze Sätze wie *ебитская сила*, *хуё-моё* ʿLeck mich am Arsch! Nicht zu fassen!ʾ, *факинг(-перефакинг)* ʿfuckʾ, *ёб твою мать*, *факс твою мать* (siehe Kapitel 2.4.1.6) fungieren. *Блядь* bzw. *бля*, *жопа* und *ёб твою мать* können dabei ohne irgendeine Bedeutung in die Rede eingefügt werden. Sie dienen dann der Hervorhebung des Gesagten oder der Rückversicherung, wie es im Deutschen bei mundartlichen Wörtern wie *gel*, *nä*, *wa* der Fall ist. Daneben gibt es auch Interjektionen, die zumeist bei heftigen Bewegungen und krachenden Geräuschen auftreten und eine besondere Form aufweisen, vgl. *ёблысь*, *ёбс*, *пиздык*, *херак*, *хуяк*, *хуякс* ʿbauz, krach, peng, zackʾ. Insgesamt zeigen solche Lexeme, so Ermen, wie ausgeklügelt das System des *мат* sei, das er sogar in den kleinsten und unbewussten Teilen der Rede anzufinden ist.[284]

Ну так, ёnm[285]. *Мне всегда везёт.*[286]
Tja, ich hab halt immer Glück, ne?!
В магазине.
– Послушайте, ваше средство от моли моль жрет с удовольствием!
– Тогда все заебись! Пока она ее жрет, ей не до шубы.[287]
Im Laden.
„Hört zu, die Motte frisst Euer Antimottenmittel mit Genuss!"
„Geil! Wenn sie es frisst, kommt sie nicht bis zum Pelzmantel durch."

2.4.1.6 Wortverbindungen und stabile Wendungen

Aus Substantiv und Verb bestehende Wortverbindungen sind oft nominale oder verbale Ausdrücke und negativ konnotiert. Sie lassen sich in die Gruppen der formalsexuellen mehrdeutigen Verben aus Kapitel 2.4.1.2 einordnen, vgl. *дать пизды* (Fotzen geben) ʿverprügeln, verkloppenʾ[288] zu a), *думать жопой* (mit

---

284 vgl. ebd. S. 103, 128, 311, 465 u. 502, vgl. Ermen (1993), S. 60 u. Mokienko u. Nikitina (2004), S. 285, 336 u. 370.
285 *Ёnm* ist ein Akronym für *ёб твою мать*.
286 Ermen (1993), S. 60.
287 Achmetova (1999), S. 128.
288 ebd. S. 69.

dem Arsch denken) ‛Dummheiten, Fehler machen'²⁸⁹ zu d), *ебать мозги* (Hirne ficken) ‛verarschen, betrügen, täuschen, nerven, auf den Sack gehen, an der Nase herumführen'²⁹⁰ zu b), *пизду смешить* (die Fotze zum Lachen bringen) ‛dummes Zeug labern'²⁹¹ zu d), *сесть на хуй* (sich auf den Schwanz setzen) ‛in die Hose gehen, danebengehen, schiefgehen, missglücken'²⁹² zu c), *через хуй кинуть* (über einen Schwanz werfen) ‛täuschen, verarschen'²⁹³ zu b). Nominale Verbindungen aus Substantiv und Pronomen, Präposition oder Partikel werden adverbial, als Interjektionen oder Partikeln verwendet, vgl. Kapitel 2.4.1.4 und 2.4.1.5. Stabile Wortverbindungen bilden jedoch keine funktionale oder semantische Kategorie, sondern sind unter die entsprechenden Wortarten zu subsumieren.²⁹⁴

> *Бригадир у нас хороший,*
> *Бригадир у нас один.*
> *Соберемся всей бригадой*
> *И **пизды** ему **дадим**.*²⁹⁵
> Unser Brigadier ist gut,
> Unser Brigadier ist allein.
> Versammeln wir die ganze Brigade
> Und **schlagen auf ihn ein**.

Die obszönen Redewendungen werden besonders – wie Invektiva – als Ablehnung verwendet. Dabei wird dem zu Beleidigenden eine schändliche Handlung angeraten oder angedroht, wobei damit zum Ausdruck gebracht werden soll, dass der Angesprochene verschwinden bzw. den Sprecher in Ruhe lassen soll. Diese Wendungen entsprechen in etwa den deutschen, vgl. „Du kannst mich mal am Arsch lecken!", „Fick Deine Mutter!", „Fick Dich ins Knie!", „Hau ab!", „Leck mich am Arsch!", „Scher Dich zum Teufel!", „Verpiss Dich!", „Zieh Leine!" u. a. Gängige russische Wendungen, so Ermen, seien hingegen: „Пошёл ты на хуй!" (Geh auf den Schwanz!), „Иди в жопу!" (Geh in den Arsch!), „Иди в пизду!" (Geh in die Fotze!), „Иди к ёбене/ёбаной матери/бабушке!" (Geh zur gefickten Mutter/Großmutter!), „Хуя не хочешь?!" (Willst' meinen Schwanz?!) sowie „Хуй соси!" (Lutsch meinen Schwanz!).²⁹⁶ Allerdings trifft man auch noch auf weitere wie z. B.:

---

289 vgl. ebd. S. 116.
290 vgl. ebd. S. 94.
291 vgl. ebd. S. 298.
292 vgl. ebd. S. 494.
293 vgl. ebd. S. 498.
294 vgl. Ermen (1993), S. 61.
295 Achmetova (1999), S. 69.
296 vgl. Ermen (1993), S. 61 f.

„Хуй тебе в рот!"[297] (Mein Schwanz in Dein Maul!), „В пизду к матери"[298] (In die Fotze zur Mutter!), „Ебись ты в рот и в жопу"[299] (Fick Dich ins Maul und in' Arsch!) u.v.m. Dabei stehen die Lexeme *ебена/ёбана мать/бабушка*, *пизда* und *хуй* teils für einsame Orte, an die jemand gewünscht wird. Manchmal wird allerdings auch der Akt angedroht, was einer Demütigung gleichkommt, die der Angesprochene über sich ergehen lassen muss, wenn er nicht sofort abhaut bzw. den Sprecher in Ruhe lässt. Was darauf folgt, wenn der Angesprochene dem zuwider handelt, sind natürlich nicht die angedrohten Handlungen, sondern Schläge oder weitere Wortwechsel.[300]

Eine Sonderstellung nimmt die Redewendung „Ёб твою мать" ein, vgl. Kapitel 2.2.3. Denn jene war einmal eine Beleidigung, wird heutzutage aber nur noch selten als solche verwendet. Vielmehr ist die Bedeutung vom Kontext und der Intonation abhängig. So kann die Wendung Ärger, Erstaunen, Freude ausdrücken, aber auch als Füllwort, Interjektion oder Ausdrucksverstärker fungieren. Zudem gibt es aber noch Redewendungen und Sprichwörter, in denen obszöne Lexeme wörtlich[301] oder übertragen gebraucht werden, vgl.:

Одной **жопой** на двух свадьбах не посидишь.[302]
Man kann nicht auf zwei Hochzeiten gleichzeitig tanzen.
(*Mit einem Arsch kann man nicht auf zwei Hochzeiten sitzen.*)
Ни **в пизду**, ни в Красную Армию.[303]
Zu dumm zum Scheißen.
(*Weder in die Fotze, noch in die Rote Armee.*)
Нужен, как **пизде** будильник.[304]
Das braucht keine Sau.
(*Nötig, wie der Fotze der Wecker.*)

2.4.2 Nichtobszönes für Obszönes

„Dysphemistische Lexeme des Übertragungstyps *nichtobszöne Ausdrücke für obszöne Inhalte* bezeichnen nur Sexuelles. Nichtskatologische Begriffe, die Ska-

---

297 vgl. Achmetova (1999), S. 482.
298 vgl. ebd. S. 299.
299 vgl. ebd. S. 181.
300 vgl. Ermen (1993), S. 62.
301 vgl. ebd. S. 62 f.
302 vgl. Achmetova (1999), S. 116.
303 vgl. ebd. S. 301.
304 vgl. Ermen (1993), S. 62.

tologisches bezeichnen, sind ausnahmslos Euphemismen"[305]. Die Übertragungen umspannen die drei Signifikanten Geschlechtsakt, weibliche und männliche Geschlechtsorgane. Da nur wenige Arbeiten sich mit diesem Typus von Lexemen beschäftigen und Studien und Wörterbücher zur Umgangssprache die sexuelle Konnotation eigentlich nichtobszöner Lexeme verschweigen, sind Übersichten bisweilen unvollständig. Allerdings scheint dieses Gebiet sehr groß zu sein. Zahllose Gegenstände und Handlungen können eine sexuelle Bedeutung erhalten.[306]

2.4.2.1 Die Geschlechtsorgane betreffende Lexeme

Bei den Geschlechtsorganen spielen überwiegend Form, Funktion und Eigenschaft eine Rolle bei der Metapherbildung. Beim männlichen Geschlechtsorgan decken sich oft Funktion und Form. Es wird oft als ein längliches Werkzeug begriffen, was sich auch mit dem Verständnis der Aktivität des Mannes beim Geschlechtsakt deckt. Der Penis ist ein Instrument, mit dem die Frau „bearbeitet" wird. Zudem kommen zur Benennung des Penis auch Tier-[307] und Personenbezeichnungen in Betracht. Letztgenannte Bezeichnungen finden sich bei den Bezeichnungen des weiblichen Geschlechtsorgans, so Ermen, nicht. Jedoch erwähnt Achmetova in ihrem Wörterbuch das Wort *курица* `Huhn´ als Benennung für die Vagina, die als passives Organ fungiert und zumeist mit Gegenständen und Orten verglichen wird, in die man eindringt oder in die etwas hineingetan wird.[308]

Bezeichnungen des männlichen Geschlechtsorgans:

a) Form:
Penis: *банан* `Banane´, *болт* `Bolzen´, *бормашина* `Bohrmaschine´, *вентиль* `Ventil´, *градусник* `Fieberthermometer´, *дуло* `Gewehrmündung´, *кляп* `Knebel, Pfriem, Pflock´, *кожаная игла* `Ledernadel´, *колбаса* `Wurst´, *корешок* `Wurzel´, *крючок* `Haken´, *морковка* `Möhre´, *мундштук* `Mundstück´, *палец 21-й* `21. Finger´, *палка* `Stab, Stock´, *паяльник* `Lötkolben´, *пистолет* `Pistole´, *помазок* `Rasierpinsel´, *ствол* `Gewehrlauf´, *хвост* `Schwanz´, *хобот* `Rüssel´, *хер* `Meerrettich´, *шамбурь* `Schaschlikspieß´, *шашлык* `Schaschlik´, *шиш* `Stinkefinger´, *шишка* `Tannenzapfen´, *шланг* `Schlauch´, *эклер* `Liebesknochen´[309]

---

305 ebd. (1993), S. 65.
306 vgl. ebd. S. 65.
307 vgl. ebd. S. 68.
308 vgl. ebd. S. 68 u. 70.
309 vgl. ebd. S. 69 u. vgl. Achmetova (1999), S. 11, 21 f., 27, 66, 87, 168, 169, 170 f., 175, 196, 200, 278 f., 316, 342, 431, 468, 510 f., 512 u. 516.

Hoden: *бубенцы* `Schellentrommeln´, *кокосы* `Kokosnüsse´, *колеса* `Räder´, *колокольчики* `Glöckchen´, *помидоры* `Tomaten´[310]
Eichel: *плешь* `Glatze´[311], *головка* `Köpfchen´[312]

b) Funktion:
Werkzeuge: Größtenteils decken sich die hierunter zu subsumierenden Lexeme mit denen aus a), denn Funktionen des Gliedes sind Bearbeiten, Stopfen, Stoßen etc.[313]
аппарат `Apparat, Gerät´, *болт* `Bolzen´, *бормашина* `Bohrmaschine´, *клян* `Knebel, Pfriem, Pflock´, *паяльник* `Lötkolben´, *шмайсер* `Bezeichnung der Maschinenpistole MP-40´[314]
Andere Funktionen: *авторитет* `Autorität´, *агрессор* `Aggressor´, *доказательство* `Beweis´[315]

c) Tierbezeichnungen:
мышь `Maus´, *петух* `Hahn´, *поросёнок* `Ferkel´, *червь* `Wurm´[316]

d) Personenbezeichnungen:
балда `Dummkopf´, *дружок* `Bruderherz, Kollege´, *дурак* `Dummkopf´, *затейник* `Spaßvogel´, *красавец* `Schönling´, *малыш* `Knirps´, *нахал* `Flegel´, *убивец* `Mörder´, *франкенштейн* `Frankenstein´, *хам* `Flegel´[317]

e) Weitere Bezeichnungen:
достопримечательность `Sehenswürdigkeit´, *кара* `Strafe, Vergeltung´, *конец* `Ende´, *монтировка* `Montage´[318]

Bezeichnungen des weiblichen Geschlechtsorgans:

a) Form:
дыра, дырка `Loch, Löchlein´, *лохань* `Waschzuber´, *лохматка* `die Zottige´, *лохматый сейф* `Zottensafe´, *междуножное пирожное* `Zwischenbeinpirogge, Zwischenbeintörtchen´, *мохнатка* `die Zottige, die Struppige´, *мохнатый*

---

310 vgl. Achmetova (1999), S. 23, 171 u. 346 u. vgl. Mokienko u. Nikitina (2004), S. 172.
311 vgl. Ermen (1993), S. 69.
312 vgl. Limonov (1992), S. 394.
313 vgl. Ermen (1993), S. 69.
314 vgl. Achmetova (1999), S. 9, 21 f., 168 u. 279
315 vgl. ebd. S. 7 u. vgl. Ermen (1993), S. 69.
316 vgl. Achmetova (1999), S. 352 u. 507 u. vgl. Ermen (1993), S. 69.
317 vgl. Achmetova (1999), S. 10, 87, 88, 145, 174, 183, 216 u. 464 u. Mokienko u. Nikitina (2004), S. 342.
318 vgl. Achmetova (1999), S. 83, 166, 171 u. 196.

сейф ʽZottensafeʼ, *петелька* ʽMasche, Lochʼ, *пирог, пирожок* ʽPirogge, Torte, Törtchenʼ, *посуда* ʽGefäßʼ, *рубец* ʽNarbe, Schrammeʼ, *срамная щель* ʽSchamschlitz, Schamritzeʼ, *трещина* ʽSpalt, Kluftʼ, *треугольник* ʽDreieckʼ, *щель, щёлка* ʽSchlitz, Spaltʼ[319]

b) Funktion:
Vagina: *бункер* ʽBunkerʼ, *замок* ʽSchlossʼ, *качель, качалка* ʽFickwerkzeugʼ, *клоака* ʽKloakeʼ, *копилка* ʽSparschweinʼ, *коридорчик* ʽKorridorleinʼ, *коробка* ʽSchachtelʼ, *хуева посуда* ʽSchwanzgefäßʼ[320]
Klitoris: *писька* ʽPisswerkzeugʼ, *розетка* ʽSteckdoseʼ, *сикель* ʽPisswerkzeugʼ, *ссачка* ʽPisswerkzeugʼ[321]

c) Eigenschaft:
Klitoris: *похотник* ʽder Lüsterne, Wollüstigeʼ, *щекотник* ʽKitzlerʼ[322]

d) Tier- und weitere Bezeichnungen:
курица ʽHuhnʼ, *сестра* ʽSchwesterʼ, *она* ʽsieʼ, *передок* ʽVorderteilʼ, *пышка* ʽdie Prächtigeʼ, *совесть* ʽGewissenʼ[323]

Die Topoi der nichtsexuellen Lexeme, die Sexuelles bezeichnen, sind nicht spezifisch russisch, da ein Vergleich der russischen Wörter für die Geschlechtsorgane und den Geschlechtsakt durchaus mit den Französischen und Deutschen Bezeichnungen Parallelen aufweist, vgl. *baton* ʽStock, Stab, Stielʼ, *canne* ʽAngel, Stockʼ, *verge* ʽStockʼ, *cheville* ʽDübel, Hakenʼ für Penis und *serrure* ʽSchlossʼ, *garage* ʽGarageʼ für die Vagina[324].

2.4.2.2 Den Geschlechtsverkehr betreffende Lexeme

Verben, die den Koitus betreffen, unterliegen dem reziproken Prinzip, welches obszöne Verben zum Ausdruck nichtobszöner Inhalte innehaben. D. h. Verben, die primär die Bedeutung ʽschlagen, stecken, stoßenʼ besitzen, werden zum Ausdruck von Sexuellem verwendet. „Die Verwendung [dieser Verben] für das Signifié ʽkoitierenʼ beruht [dabei] nicht auf der primären [...] Bedeutung [...], sondern auf der sekundären, umgangssprachlichen: ʽetwas energisch, mit Nach-

---

319 vgl. ebd. S. 88, 180, 192, 196, 295, 315, 428, 444 u. 515 u. vgl. Ermen (1993), S. 68.
320 vgl. Achmetova (1999), S. 23, 168 u. 172, vgl. Ermen (1993), S. 68 u. vgl. Mokienko u. Nikitina (2004), S. 166 u. 175.
321 vgl. Achmetova (1999), S. 406 u. 412 u. vgl. Ermen (1993), S. 68.
322 vgl. Achmetova (1999), S. 359 u. vgl. Ermen (1993), S. 68.
323 vgl. Achmetova (1999), S. 177, 244, 411, 390 u. 420.
324 vgl. Ermen (1993), S. 69 f.

druck, mit ‚Karacho' tun', also auch mit ‚Karacho' `ballern, stecken, stopfen, bumsen, knallen' = `ficken, vögeln'."³²⁵ Dabei wird keine primäre Bedeutung übertragen. Vielmehr ist es eine Assoziation, die von der Intensität der Verben ausgeht, vgl. *драть* `prügeln, bestrafen' = Gewalt.³²⁶ Zur Verwendung kommen aber auch Verben, die handwerkliche Arbeitsvorgänge und andere Bewegungen bezeichnen.

Die Mehrzahl der betreffenden Verben ist transitiv und nicht reflexiv. Sie symbolisieren den Geschlechtsakt zumeist vom Standpunkt des Mannes aus, der als Agens betrachtet wird. Verben, die die Perspektive der Frau innehaben, beziehen sich fast immer auf die Position während des Aktes, vgl. *подъебать, подмахивать, поддавать* `die Hüfte beim Ficken bewegen, von unten gegenbumsen'. Währenddessen er agiert, nimmt sie die Rolle der Reagierenden ein. Nicht auf die Stellung, sondern die Rolle bezogen ist das Verb *дать* `dem Fick zustimmen'. Die Frau gibt (sich dem Mann hin), und der Mann nimmt (die Frau). „Feminine" Verben sind nicht transitiv, weshalb der Mann niemals Objekt einer Handlung ist, welche eine Frau vollführt.³²⁷

Grammatikalisch trifft man vorwiegend auf drei Strukturtypen von Verben: Dativ- und andere intransitive Konstruktionen, transitive Akkusativkonstruktionen und reflexive Verben, um die Wechselseitigkeit der Handlung auszudrücken.³²⁸

a) Dativkonstruktionen werden entweder mit einem Akkusativobjekt oder ohne ein solches verwendet, vgl.:
   Maskuliner Agens: *бросить палку кому* `jdm. einen Pfahl, Stock, Stab hinwerfen', *вдуть, задуть кому* `jdm. einblasen', *воткнуть кому* `jdm. einen reinstecken', *всадить кому* `jdm. einen einschlagen, einstoßen', *вставить палку, кол, фитиль кому* `jdm. einen Pfahl, Stock, Stab, Docht einfügen, einsetzen', *забить шайбу кому* `jdm. eine Scheibe, einen Puck reinschlagen', *завинтить болт кому* `jdm. einen Bolzen einschrauben', *засадить кому* `jdm. einen hereintreiben', *захерачить кому* `jdm. hereinstecken', *кинуть палку кому* `jdm. einen Stab hinwerfen', *надуть барабан кому* `jdm. die Trommel aufblasen', *обладать женщиной* `eine Frau besitzen', *пользоваться женщиной* `eine Frau gebrauchen, benutzen', *рыбку жарить кому* `jdm. einen Fisch braten';

---

325   ebd. (1993), S. 67.
326   vgl. ebd. S. 65.
327   vgl. ebd. S. 65 u. vgl. Achmetova (1999), S. 68, 318 u. 322.
328   vgl. Ermen (1993), S. 66.

Femininer Agens: *бросаться кому на хуй* `sich auf den Schwanz werfen (Wunsch nach Sex)´, *дать кому* `sich jdm. (hin)geben´, *подлезть под кого* `unter jdm. kriechen´, *лечь/ложиться* `sich hinlegen´, *поддавать, подмахивать* `von unten gegenstoßen, gegenbumsen´, *соскочить с болта кому* `jdm. vom Bolzen abreiben (beenden)´[329].

b) Transitive Verben mit Akkusativobjekt, vgl.:
Ausschließlich maskuliner Agens: *вдуть кого* `jdn. einblasen´, *выжарить кого* `jdn. ausbraten´, *долбить кого* `jdn. meißeln´, *драть кого* `jdn. prügeln, bestrafen´, *завалить кого* `jdn. verhauen´, *завинчивать кого* `jdn. zuschrauben´, *заделать кого* `jdn. festmachen, abdichten´, *заездить кого* `jdn. abhetzen´, *иметь кого* `jdn. haben´, *ломать кого* `jdn. kaputtmachen´, *мять кого* `jdn. zerquetschen´, *напырять кого* `jdm. einen hineinstoßen´, *надаваить кого* `jdn. erdrücken´, *натянуть (на болт) кого* `jdn. (auf den Bolzen) aufspannen´, *обделать кого* `jdn. dreichseln, bearbeiten´, *отработать кого* `jdn. bearbeiten´, *пихать кого* `jdn. rempeln, stoßen´, *пороть кого* `jdn. prügeln´, *сверлить кого* `jdn. bohren´, *тереть кого* `jdn. reiben´, *трахать кого* `jdn. knallen, ballern´, *тыкать кого* `jdn. stochern´, *употребить кого* `jdn. benutzen´, *холить кого* `jdn. hegen und pflegen´, *шаркнуть кого* `jdn. schlagen´[330].

c) Reflexive Verben zum Ausdruck der Wechselseitigkeit, vgl.:
выспаться `miteinander (aus-)schlafen´, *жариться* `sich gegenseitig braten´, *затыкаться* `sich gegenseitig zustopfen´, *пихаться* `miteinander stoßen´, *скоблиться* `sich gegenseitig schaben´, *состыковаться* `sich vereinigen´, *тереться* `sich gegenseitig reiben, aneinander reiben´, *употребляться* `sich gegenseitig benutzen, gebrauchen´[331].

---

329 vgl. ebd. S. 66 u. vgl. Achmetova (1999), S. 24, 33, 40, 41, 120, 167, 202, 223, 407 u. 422.
330 vgl. Achmetova (1999), S. 35, 49, 71, 121, 129, 158, 179, 200, 215, 222, 232, 440, 457 u. 469 u. vgl. Ermen (1993), S. 66 f.
331 vgl. Achmetova (1999), S. 57, 112, 146, 415, 440 u. 457 u. vgl. Ermen (1993), S. 66.

2.4.3 Obszönes für Obszönes

> Моча – это единственное на свете,
> о чем нельзя сказать, что это говно.
> В.З. Санников[332]

Das folgende Subkapitel beschäftigt sich mit sexuellen und skatologischen Lexemen des Russischen, die in sexueller bzw. skatologischer Bedeutung gebraucht werden. Dabei berufe ich mich ausschließlich auf solche Lexeme, die im Wörterbuch von Achmetova aus dem Jahr 1999 vorkommen. Es sind die Primärlexeme *бдядь, бздеть, дрочить, ебать, жопа, манда, мудо, пердеть, пизда, срать, ссать, хезать, хер, хрен, хуй* und ihre Derivative berücksichtigt. Obszöne Ausdrücke, die aus zwei und mehr Worten bestehen, wurden nicht berücksichtigt.

Größtenteils sind diese Lexeme aus dem Bereich des Sexuellen, allerdings kommen auch skatologische vor. Sexuelle Lexeme beziehen sich dabei vor allem auf den Geschlechtsakt und die Geschlechtsorgane, währenddessen skatologische Lexeme hauptsächlich die Körperfunktionen Urinieren und Ausscheiden beleuchten. Beide bilden jedoch auch – darunter die sexuellen im Besonderen auf dem Gebiet der Prostitution – Personenbezeichnungen aus.

2.4.3.1 Substantive

Obszöne Substantive bezeichnen Dinge und Abstrakta sowie Personen und werden sowohl von skatologischen als auch sexuellen Lexemen gebildet. Von sexuellen Lexemen gebildete Bezeichnungen für Dinge und Abstrakta benennen zumeist die Geschlechtsorgane und sexuelle Praktiken. Drei Lexeme, die sich bei Achmetova fanden, können dem Bereich der Prostitution zugeordnet werden: *блядка* `Treffen mit zugänglichen Damen´[333], *блядовозка* `Auto einer Hure´[334], *блядство* `Unzucht´[335]. Andere Lexeme, die zwar sexuell, aber keinem von mir vorgeschlagenen Bereich zugeordnet werden können, sind: *ебельница* `Fickplatz, Ort zum Ficken´[336] und *еблематика* `Fickwissenschaft´[337], *заёбина* `Fotzenschleim´[338]. Personenbezeichnungen benennen zumeist den am Sex betei-

---

332 Devkin (2005), S. 295.
333 vgl. Achmetova (1999), S. 16.
334 vgl. ebd. S. 17.
335 vgl. ebd. S. 18.
336 vgl. ebd. S. 99.
337 vgl. ebd. S. 102.
338 vgl. ebd. S. 127.

ligten Mann sowie Prostituierte und sexuell freizügige Frauen. Die skatologischen Lexeme, die Dinge und Abstrakte benennen, bezeichnen das Gesäß, Blähungen und Körperausscheidungen bzw. Körperausscheidevorgänge. Zwei bei Achmetova gefundene skatologische Lexeme bezeichnen jedoch die Geschlechtsorgane: *сика, писька* `Pisswerkzeug´[339]. Skatologische Personenbezeichnungen benennen Homosexuelle und Personen mit Blähungen.

a) Sexuelle Lexeme:
Sexuelle Praktiken: *блядование, вхуякивание, вхуяривание, вхуячивание,ебля, ебня, ебота, етье, отъебывание, отъебашивание, отъебёхивание, отъебуривание, поебон* `das Ficken´[340], *вздрачивание, дроченье, дрочка* `das Wichsen´[341], *мандеж* `weibliche Onanie´[342], *поебончик* `kurzer Fick, Quickie´[343]

Geschlechtsorgane: *ебальник, хер, хрен, хуй* `Schwanz´[344], *заебулина, манда, мандалина, пизда* `Fotze´[345], *муде* `Sack mit Eiern´[346], *пиздёнка* `kleine Fotze´[347], *пиздень, пиздища, пиздюга* `große Fotze´[348], *хуёк, хуёчек* `kleiner Schwanz´[349], *хуище* `großer Schwanz´[350]

Personenbezeichnungen: *бля, блядво, блядистка, блядь, блядюшка, бляха* `Hure, Nutte´[351], *блядина* `große Hure´[352], *блядище, блядюра* `sehr unsittliche Frau, Hure´[353], *блядолиз* `Cunnilinguist, Fotzenlecker´[354], *блядун* `männliche Nutte, Hure´[355], *блядьмо* `alter, älterer Homosexueller´[356], *блядюга* `Hure der

---

339 vgl. ebd. S. 317 u. 411.
340 vgl. ebd. S. 16, 42 f., 103, 105, 110, 270 f. u. 337.
341 vgl. ebd. S. 27 u. 86.
342 vgl. ebd. S. 184.
343 vgl. ebd. S. 337.
344 vgl. ebd. S. 90, 465, 469 u. 478.
345 vgl. ebd. S. 128, 183 f. u. 297.
346 vgl. ebd. S. 198.
347 vgl. ebd. S. 305.
348 vgl. ebd. S. 305, 307 u. 313.
349 vgl. ebd. S. 475 f.
350 vgl. ebd. S. 477.
351 vgl. ebd. S. 15, 18 u. 21.
352 vgl. ebd. S. 15.
353 vgl. ebd. S. 16 u. 20.
354 vgl. ebd. S. 17.
355 vgl. ebd. S. 18.
356 vgl. ebd. S. 20.

niedersten Sorte'[357], *дрочильщик* `Wichser'[358], *ебака* `Ficker, Nymphoman'[359], *ёбарь, ебачь, ебун, ебур* `Ficker'[360], *пиздобратья* `Gruppe von Männern, die eine Frau fickt'[361], *пиздочёт* `Mann, der über seine Bettgeschichten Buch führt'[362], *поёбочка* `Frau, die man ficken kann'[363], *проблядь* `letzte übrig gebliebene Nutte'[364], *проблядушка* `hinterlistige, pfiffige Hure'[365], *хуеглот* `passiver Homosexueller', *хуесос* `Fellator, Cunnilinguist'[366]

b) Skatologische Lexeme:
Gesäß: *бздея, жопа, пердешник, срака, срачка, хезник* `Arsch'[367], *жопка, жопочка* `kleiner Arsch'[368], *жопенция, жопень, жопища* `großer Arsch'[369]
Blähungen, Körperausscheidevorgänge, Körperausscheidungen: *бздение* `leises Furzen'[370], *бздех* `leiser Furz'[371], *говница, говно, дерьмо* `Scheiße'[372], *пердёж, перденье* `lautes Furzen'[373], *сраньё, усер, усрачка* `das Scheißen'[374], *ссаки* `Pisse'[375], *ссанье* `das Pissen'[376], *ссачка* `der häufige Wunsch zu pissen'[377]

---

357 vgl. ebd. S. 20.
358 vgl. ebd. S. 86.
359 vgl. ebd. S. 89.
360 vgl. ebd. S. 92, 99 u. 106.
361 vgl. ebd. S. 308.
362 vgl. ebd. S. 311.
363 vgl. ebd. S. 337.
364 vgl. ebd. S. 372.
365 vgl. ebd. S. 372.
366 vgl. ebd. S. 476.
367 vgl. ebd. S. 13, 115, 281, 429 u. 465.
368 vgl. ebd. S. 117 f.
369 vgl. ebd. S. 117.
370 vgl. ebd. S. 13.
371 vgl. ebd. S. 13.
372 vgl. ebd. S. 61 u. 71.
373 vgl. ebd. S. 280.
374 vgl. ebd. S. 429 u. 457 f.
375 vgl. ebd. S. 429.
376 vgl. ebd. S. 430.
377 vgl. ebd. S. 430.

Personenbezeichnungen: *бздун, бздух* ʼleiser Furzerʽ[378], *говномес, жопаёб, жопник, жопочник* ʼaktiver Homosexuellerʽ[379], *пердило* ʼpassiver Homosexuellerʽ[380], *пердун* ʼlauter Furzerʽ[381]

2.4.3.2 Verben

Die von Achmetova angeführten Verben sind die Gruppe mit den meisten Lexemen, was schon allein daran liegen kann, dass für das deutsche Wort ʼfickenʽ im Russischen eine Unmenge an Synonymen und detaillierteren Lexemen existiert. Sexuelle Lexeme beziehen sich bis auf eine gefundene Ausnahme ausschließlich auf Sexuelles, bei den skatologischen Lexemen gibt es ebenfalls nur ein Lexem, welches nicht auch Skatologisches bezeichnet, vgl. *вжопить* ʼden Schwanz in den Arsch steckenʽ[382], *опиздохаться* ʼsich bescheißenʽ[383]. So benennen die sexuellen Lexeme fast durchweg den Vorgang des Kopulierens und der Masturbation, lediglich zwei Wörter bezeichnen eine andere Handlung, die allerdings dem Kopulieren zugeordnet werden kann. Lexeme für den Oralsex werden im Wörterbuch von Achmetova vom Verb *сосать* ʼlutschenʽ und vom Substantiv *минет* ʼOralverkehrʽ hergeleitet, die hier beide nicht berücksichtigt wurden. Die skatologischen Lexeme bezeichnen überwiegend die Vorgänge des Urinierens und Defäkierens, weniger der Leibeswinde.

Sowohl die skatologischen als auch die sexuellen Verben können vermittels Präfigierung, Semelfaktivendungen und Postfixen ihre Bedeutung verändern. Die sexuellen Verben des Kopulierens sind fast alle transitiv. Reflexive Verben, die eine Wechselseitigkeit ausdrücken, kommen nur wenige vor. Es stellt sich die Frage, ob durch Postfigierung der transitiven Verben vermittels -*ся* eine solche Wechselseitigkeit ausgesagt werden kann oder sich dadurch die Konnotation verändert. Denn bei vielen reflexiven Verben ist in Achmetovas Wörterbuch keine obszöne Konnotation mehr vorhanden. Bei den Verben des Masturbierens stößt man auf transitive und auch reflexive. Unter den skatologischen Verben finden sich bis auf die oben erwähnte Ausnahme, die etwas Sexuelles bezeichnet, keine transitiven. Sie sind intransitiv oder reflexiv.

---

378 vgl. ebd. S. 14.
379 vgl. ebd. S. 63, 117 u. 118.
380 vgl. ebd. S. 280.
381 vgl. ebd. S. 281.
382 vgl. ebd. S. 27.
383 vgl. ebd. S. 247.

a) Sexuelle Lexeme:

Kopulation: *вмандошить, вмандякать, вмандярить, вмандяхать, вмандяшить, впиздохать, впиздошить, впиздронивать, впиздярить, вхуякать, вхуярить, въебать, въебашить, въебенить, въебёхивать, въебуривать, ебануть, ебать, заебашивать, заебурить, запиздохать, захерачивать, захреначить, захуякать, уебать, хуякать кого* u.a. `jdn. ficken´[384], *впиздюлить* `Schwanz in die Fotze stecken, ficken´, *доебать кого (до чего)* `jdn. zu Ende ficken (bis zum Abspritzen)´, *ебаться, пиздюливаться, скребаться, уебаться, хуяриться, хуячиться, хуяшиться* `miteinander ficken´, *заебать кого* `jdn. bis zur Erschöpfung ficken´, *наебаться* `sattgefickt sein, sich sattficken´, *переебаться, переебашиваться* `die Lust am Ficken aufgrund der vielen Ficks verlieren´, *переёбать кого* `mit mehreren Frauen ficken´, *переёбывать кого* `jdn. auf's Neue ficken´, *поблядовать кого* `jdn. ein bisschen ficken´, *поёбывать кого* `von Zeit zu Zeit jdn. ficken´, *поёбываться* `von Zeit zu Zeit miteinander ficken´, *проебаться, промудиться* `eine Zeit lang miteinander ficken´, *разблядоваться* `anfangen hemmungslos miteinander zu ficken´, *разъебашить кого* `jdn. an das Ficken gewöhnen´, *съебаться* `vom Ficken erschöpft sein´,

Masturbation: *вздрачивать* `wichsen, bis der Schwanz steht´[385], *выдрочить* `durch Wichsen abspritzen´[386], *додрочить* `zu Ende wichsen´[387], *дрочить, дрочиться* `wichsen, einen runterholen´[388], *издрочиться* `durch Wichsen erschöpfen´[389], *надрочить* `den Schwanz steif wichsen´[390], *надрочиться* `sich sattwichsen´[391], *обдрочиться* `(übereifrig) wichsen (bis man keinen Bock mehr hat)´,[392] *отдрочить, отдрочиться* `das Wichsen beenden´[393], *подрачивать* `sich von Zeit zu Zeit einen runterholen´[394], *продрочить, продрочиться, сдрочить* `eine Zeit lang einen runterholen´[395]

---

384 vgl. ebd. S. 30–35, 37, 42–45, 91 f., 126, 128, 137, 146 f., 448 u. 501.
385 vgl. ebd. S. 27.
386 vgl. ebd. S. 46.
387 vgl. ebd. S. 72.
388 vgl. ebd. S. 87.
389 vgl. ebd. S. 151.
390 vgl. ebd. S. 202.
391 vgl. ebd. S. 202.
392 vgl. ebd. S. 222.
393 vgl. ebd. S. 253.
394 vgl. ebd. S. 326.
395 vgl. ebd. S. 373 u. 409.

Weitere Lexeme: *блядовать, блядствовать* `rumhuren´[396]

b) Skatologische Lexeme:

Miktion: *выссаться, нассаться* `in Hülle und Fülle pissen, sich auspissen´[397], *доссать* `zu Ende pissen´[398], *обоссываться* `sich einpissen, sich in die Hose pissen´[399], *отоссать* `ein wenig pinkeln´[400], *отоссаться* `nach Herzenslust pissen´[401], *перессывать через что-то* `über etwas (hinweg-)pissen´[402], *подоссать* `unter etwas pissen´[403], *проссаться* `in Hülle und Fülle pissen´[404], *ссать* `pissen´[405], *уссаться* `sich bepissen´[406]

Defäkation: *высрать, высраться, насрать* `scheißen´[407], *досрать* `zu Ende scheißen´[408], *обсераться, обсираться, обхезаться,* `sich bescheißen, sich mit Scheiße beschmieren´[409], *отосрать* `nicht zu Ende scheißen´[410], *отосраться* `reichlich, in Hülle und Fülle scheißen´[411], *посеривать* `von Zeit zu Zeit scheißen´[412], *срать* `scheißen´[413], *усраться* `sich bescheißen´[414], *хезать* `scheißen´[415]

Flatulenz: *бздеть, забздеть, набздеть* `leise furzen´[416], *запердеть* `anfangen laut zu furzen´[417], *пердеть* `laut furzen´[418], *попердеть* `mehrere Male laut

---

396 vgl. ebd. S. 16 u. 18.
397 vgl. ebd. S. 57 u. 214.
398 vgl. ebd. S. 83.
399 vgl. ebd. S. 228 f.
400 vgl. ebd. S. 259.
401 vgl. ebd. S. 259.
402 vgl. ebd. S. 293.
403 vgl. ebd. S. 323.
404 vgl. ebd. S. 384.
405 vgl. ebd. S. 430.
406 vgl. ebd. S. 458.
407 vgl. ebd. S. 57 u. 213.
408 vgl. ebd. S. 83.
409 vgl. ebd. S. 233–235.
410 vgl. ebd. S. 259.
411 vgl. ebd. S. 259.
412 vgl. ebd. S. 353.
413 vgl. ebd. S. 429.
414 vgl. ebd. S. 458.
415 vgl. ebd. S. 465.
416 vgl. ebd. S. 13, 120 u. 201.
417 vgl. ebd. S. 136.
418 vgl. ebd. S. 281.

furzen'[419], *попердеться* `in Hülle und Fülle laut furzen'[420], *попёрдывать* `von Zeit zu Zeit laut furzen'[421]

> *Встретились два склеротика.*
> *- Как дела?*
> *- Хуево. Дойду до туалета и забуду зачем шел.*
> *- Это хуйня. Начало только. Вот я зайду в туалет, **высрусь**, а как начну жопу вытирать, вижу, что штаны забыл снять.*[422]
> „Treffen sich zwei klapprige alte Männer.
> „Wie geht's?"
> „Beschissen. Ich ging so auf's Klo, und als ich dort war, wusste ich nicht mehr, warum."
> „Das ist echt scheiße. Aber das ist nur der Anfang. Also, ich ging den Tag auf's Klo, hab' **geschissen**, und als ich anfing mir den Arsch abzuwischen, sah ich, dass ich vergaß, die Hose runterzuziehen."

2.4.3.3 Adjektive und Partizipien

Die gefundenen Adjektive und Partizipien sind durchweg sowohl Deverbativa als auch Denominativa. Sie werden attributiv gebraucht und können etwas über die Zugehörigkeit zu einer Person oder einem Gegenstand aussagen. Manche Adjektive sexueller Primärlexeme sind Wortverbindungen, d.h. sie bestehen aus mehreren Worten. Partizipien werden in den bei Achmetova aufgelisteten Lexemen dieser Gruppe pronominal und attributiv gebraucht. Trotzdem Achmetova nur wenige Partizipien anführt, ist davon auszugehen, dass Partizipien von allen Verben gebildet werden können.

Skatologische Lexeme bezeichnen in dieser Gruppe nur Skatologisches und sexuelle Lexeme nur Sexuelles.

a) Sexuelle Lexeme:
Adjektive: *безмудый* `eierlos, hodenlos'[423], *беспиздая* `fotzenlos'[424], *блядовитый, ебливый* `sexliebend'[425], *блядский* `Huren-, Nutten-, (zu) einer Nutte, Hure gehörend'[426], *мокропиздая* `vielfickende Frau, bei der die

---

419   vgl. ebd. S. 347.
420   vgl. ebd. S. 347.
421   vgl. ebd. S. 347.
422   ebd. (1999), S. 57.
423   vgl. ebd. S. 12.
424   vgl. ebd. S. 12.
425   vgl. ebd. S. 16 u. 102.
426   vgl. ebd. S. 17.

Fotze niemals austrocknet und die deshalb immer bereit für einen Fick ist'⁴²⁷, *пиздиный* `Fotzen-, (zu) einer Fotze gehörend'⁴²⁸, *хуев, хуиный, хуячий* `Schwanz-, (zu) einem Schwanz gehörend'⁴²⁹, *хуястый* `großschwänzig'⁴³⁰ **Partizipien**: *выебанный* `Gefickter'⁴³¹, *надроченный* `steifer Schwanz'⁴³², *уебленный* `Gefickter'⁴³³

b) Skatologische Lexeme:
Adjektive: *безжопая* `arschlos'⁴³⁴, *говённый* `Scheiß-, aus Scheiße gemacht'⁴³⁵, *жопастая* `großärschig'⁴³⁶
Partizipien: *обоссанный* `bepisst, Bepisster'⁴³⁷

2.5 Funktionen

> *Печатное слово – большая сила.*
> *Но непечатное – сильнее.*
> *Афоризм советских журналистов*⁴³⁸

Der *мат* hat sowohl allgemeine als auch spezielle Funktionen und fungiert nicht nur als „Ventil zum Abreagieren seelischer Konflikte [und] [...] Katharsis in emotionalgeladenen [sic] Situationen"⁴³⁹. S. Burgen zufolge ist die universale Funktion von obszönen Wörtern die Verstärkung des Gesagten. Arbackij meint, er würde Objekte schlechtmachen und universaler Informationsträger sein sowie eine mobilisierende, stimulierende und physiologische Funktion besitzen. O. R. Nikolaev beschreibt indes vier elementare Strategien obszöner Lexeme, die sich mit den von Arbackij angeführten Funktionen überschneiden. So werde der *мат* zum einen als intelligente Schimpfsprache verwendet, die von Wortspielen, dem *стёб* und Prahlerei lebt. Zum anderen gebe es einen spontanen Ausbruch

---

427 vgl. ebd. S. 195.
428 vgl. ebd. S. 307.
429 vgl. ebd. S. 473, 477 u. 504.
430 vgl. ebd. S. 503.
431 vgl. ebd. S. 47.
432 vgl. ebd. S. 202.
433 vgl. ebd. S. 450.
434 vgl. ebd. S. 12.
435 vgl. ebd. S. 61.
436 vgl. ebd. S. 117.
437 vgl. ebd. S. 218.
438 Mokienko u. Nikitina (2004), S. 3.
439 Oxen (2001), S. 613.

von Matismen aus dem Unterbewusstsein, der sich in Interjektionen und einem Ausdruck von Emotionalität zeigt. Drittens könne der *мат* auch als alternative Sprache mit kontinuierlicher Wortneuschöpfung und einem mächtigen Wortbildungspotenzial dienen. Und letztendlich kann er auch parasitär und dann auch ungerechtfertigt gebraucht werden, d. h. wenn nach fast jedem Wort ein *блин, бля* zur Wortverbindung auftaucht.[440]

Folgend sollen die Rjabov zufolge acht verbreitetsten allgemeinen Funktionen und Zwecke obszöner Lexik beschrieben werden, die sich mit dem bereits Beschriebenen größtenteils decken, an manchen Stellen aber besser differenzieren. Daran anschließend wird auf drei Funktionen näher eingegangen werden. Diese sind die Funktion der Betitelung sexueller bzw. skatologischer Signifikanten, die Expressivität und die Verspottung. Zu beachten ist in jedem Fall, dass die literarische Verwendung von Matismen eine andere ist als beispielsweise jene eines Säufers[441], und dass Funktionen und Zwecke von anstößigem Vokabular zahlreich und bei jedem Menschen streng individuell sind[442], was auch im folgenden Zitat des Schriftstellers Sorokin deutlich wird:

> *Мат в моих текстах играет весьма разнообразные роли: от детонатора, взрывающего массу мертвого литературного языка, до простой части речи и, наконец, до божественной перламутровой спермы, изливающейся в плодотворный литературный чернозем.*[443]

1. Anstößige Lexik wird als Schimpfsprache verwendet, um den sozialen Status eines Opponenten zu senken.
2. Ebenso wird sie dazu verwendet, Worte miteinander zu verbinden. Ein Mensch mit niedrigem Wortschatz meint, dass er vermittels derartiger Äußerungen seine Sprache klarer machen kann.
3. Der *мат* erfüllt unbewusst die Rolle eines Siegers über den „Dämonen der Sexualität". Ab einem bestimmten Alter beginnt der Mensch zu fühlen, dass seine sexuellen Möglichkeiten nachlassen, gleichzeitig aber die Wünsche erhalten bleiben. Verwendet er nun verstärkt anstößige Lexeme, so zeigt er anderen, vor allem aber sich selbst, dass sein Intimleben vollkommen in Ordnung ist.
4. Der pubertäre *мат* wird oft dazu verwendet, Männlichkeit und Erwachsensein zu demonstrieren.

---

440   vgl. Mokienko u. Nikitina (2004), S. 21 f.
441   vgl. Mokienko u. Nikitina (2004), S. 12.
442   vgl. Rjabov (1992), S. 433.
443   Kovalev (2005).

5. Obszöne Lexik wird gebraucht um „Dampf abzulassen". Tut man dies laut, dann ist es für die Zuhörer, tut man es leise oder gedanklich, dann für sich selbst.
6. Fluchend tut man so, als ob man sich dem Gesprächspartner annähert und er einem ebenbürtig ist. Es scheint, dass man ihn so besser (aus-)nutzen kann.
7. Der *мат* wird ebenso gebraucht, um sich Mut zuzureden und Ungeschicktheit bzw. Peinlichkeit zu überwinden.
8. Zudem wird er gebraucht, um Freude und Ausgelassenheit zu zeigen, d.h. zum Ausdruck des Verhöhnenden. Dies kann auf eine depressive Art, grob, mit Tränen und Schmerz geschehen oder zart, grazil und satirisch. Dieser Zweck ist Rjabov zufolge typisch für Russen.[444]

2.5.1 Betitelung sexueller und skatologischer Signifikanten

Die Ausdrücke *говно, ебать, жопа, пизда, срать, хуй* u.a. bezeichnen primär den Anal- und Genitalbereich inkl. dessen Funktionen. Dabei sind sie nicht metaphorisch, paraphrasierend oder entlehnt. Denn sie sind seit Jahrhunderten Teil der allgemeinen Sprache und haben keinen Bedeutungswechsel erfahren. Als obszön werden diese Ausdrücke und selbst deren Euphemismen und Ersatzwörter angesehen, da der Anal- und Genitalbereich im Allgemeinen tabuisiert ist.[445] Die Erkennbarkeit solcher Euphemismen kann dabei stark schwanken, vgl. *ёрш твою медь*[446] statt *ёб твою мать*. Der häufigste Euphemismus ist jedoch *блин* für *блядь*, wobei noch weitere Euphemismen existieren, vgl. *глядь, бляха, бельдюга, гля, ля* u.a.[447]

Im Russischen existieren keine neutralen Benennungen für Sexuelles und Skatologisches, wohl aber hochsprachliche juristisch-medizinische Bezeichnungen, deren Verwendung mit einer gewissen Peinlichkeit einhergeht, vgl. *мужской половой орган, иметь сношения, влагалище*.[448]

Während Wörter mit sexuellem oder skatologischem Inhalt und deren Derivative zumeist in übertragenem Sinne gebraucht werden, sind es eher übertragene Lexeme, die sexuelle und skatologische Bedeutung zum Ausdruck bringen, aber trotzdem als obszön und vulgär gelten. In der Literatur ist dies eine Frage des Stils, d.h. autorenabhängig. Der eine verwendet Euphemismen und Paraphrasen zur

---

444 vgl. Rjabov (2002), S. 432 f.
445 vgl. Ermen (1993), S. 73.
446 vgl. Koester-Thoma (1995), S. 151.
447 vgl. ebd. S. 151.
448 vgl. Ermen (1993), S. 73.

Deutung sexueller Handlungen, der andere – wie beispielsweise auch Limonov – benutzt dazu primärsexuelle Ausdrücke, und ein wiederum anderer bedient sich eines hochsprachlichen Lexikons, indem er auf juristisch-medizinische Begriffe zurückgreift.[449]

2.5.2 Expressivität

Zwischen der Normschrift- und Umgangssprache ist nicht nur eine stilistische Verschiedenheit vorhanden, sondern ebenso eine funktionale, weshalb negative Empfindungen der mündlichen Rede in der normativen Schriftsprache nicht ausgedrückt werden können. Denn zum einen sind sie an das Mündliche gebunden, und zum anderen können sie tabuisiert sein.[450]

Für Nichtkundige vermag ein Matismus expressiver klingen als ein nichtobszönes umgangssprachliches Lexem, obgleich für Muttersprachler, für die Matismen in der Familie dazugehören, die Bedeutung identisch ist, vgl. *уебать* mit *удрать* 'abhauen'. Nur wer keine Matismen verwendet, wird in der Verwendung von „*это мне все равно*" und „*это мне один хуй*" einen Unterschied sehen, vgl. „egal" und „scheißegal" im Deutschen. Dies bedeutet also, dass zwischen obszöner und nichtobszöner Umgangssprache ein stilistischer Unterschied bestehen kann, aber nicht muss.[451]

Schließlich ist es sogar möglich, dass Sprecher, die sich eigentlich nicht der obszönen Lexeme bedienen, in einer negativ-emotionalen Situation auf Matismen zurückgreifen, um ihren Gefühlen freien Lauf zu lassen und sich emotional zu entladen. Dabei werden jene beleidigenden und abweisenden Wörter und Wortgruppen noch verstärkt, indem sie sich zusätzlich zur formalen Ebene auch inhaltlich auf etwas Obszönes beziehen. Ein allein formal obszönes Lexem wie beispielsweise *хуеплёт* hat deshalb nicht dieselbe Potenz wie ein Lexem, welches sowohl auf formaler als auch inhaltlicher Ebene als obszön gilt, vgl. *старая пизда*. Eine obszöne Variante, egal ob rein formal oder auch inhaltlich, ist jedoch immer kräftiger als ein nichtobszönes Lexem, vgl. *мудак* vs. *дурак*. Anstelle der formalen obszönen Ausdrücke werden jedoch häufig Euphemismen verwendet, die, ohne dass ein obszönes Lexem Verwendung findet, sexuell-skatologische Signifikanten unzweifelhaft bekunden, vgl. *на фиг* für *на хуй*.[452]

---

449 vgl. ebd. S. 73 f.
450 vgl. ebd. S. 74.
451 vgl. ebd. S. 74 f.
452 vgl. ebd. S. 75 u. vgl. Devkin (1996), S. 114.

2.5.3 Verspottung

In Russland sind sexuelle und skatologische Motive zum Ausdruck von Parodie sehr populär und salonfähig, da mithilfe von obszönen Lexemen alles verballhornt werden kann, vgl. *говназия* statt *гимназия*, *хуйерверк* statt *фейерверк*, *говностройка* statt *перестройка* oder *дерьмократия* statt *демократия*. Dabei sind solche parodistischen Elemente auch schon in der Folklore enthalten. Es entsteht durch ihre Verwendung entweder eine freudige oder aggressive Erregung bei der Person, auf die sie gerichtet sind.[453]

Während der vorrevolutionären Zeit waren oft der Klerus und die Autoritäten der Puffer für solche Parodie. Nach der Revolution waren es dann die politischen Kader und Missstände des sowjetischen Systems, die Ziel obszöner Verspottung wurden.[454]

Nichtobszönes kann parodiert werden, was vor allem bei Liedern und Sprichwörtern der Fall ist, vgl. „Хуй железо, пока горячий" statt „Куй железо, пока горячи [sic]". Allerdings sind wohl auch nichtobszöne Texte abgemilderte Fassungen obszöner Originale. Denn die Zahl sexueller bzw. skatologischer Witze ist nicht gering.[455]

Seit gut zwei Jahrhunderten gehört die sexuell-skatologische Verballhornung auch zur Literatur. Moderne Autoren, bei denen sie Verwendung findet, sind beispielsweise Aleškovskij und Zinov'ev. So gibt es in Zinov'evs Roman *Zijajuščie vysoty* im der Sowjetunion ähnlichen Bezirk Ibansk eine Organisation (Zentrum der staatlichen Intelligenz) mit dem Akronym *ЖОП*.[456] Der Satz „„И это – в самой рафинированной интеллигентной среде Ибанска, в его мозговой [sic] центре, в ЖОПе' […] ist [hier] Ausdruck des Zustandes, in dem sich die sowjetische staatliche Intelligenz befand."[457]

---

453 vgl. Ermen (1993), S. 76 u. vgl. Koester-Thoma (1995), S. 151.
454 vgl. Ermen (1993), S. 76.
455 vgl. ebd. S. 76 f.
456 vgl. ebd. S. 78.
457 ebd. (1993), S. 78.

3. Der MAT als tabuisierte und zugleich ubiquitäre Sprachvarietät

> Нас уже закалила ситуация,
> мы знаем, кто есть ху на самом деле.
> М.С. Горбачёв[458]

3.1 Verbreitung und Verwendung

Die Verwendung von Matismen und anderen obszönen Lexemen des Russischen wurde bisweilen von niemandem wissenschaftlich untersucht. Es gibt lediglich eine von Spinkler 1913 durchgeführte Studie über das Bauernmilieu. Jedoch ist nicht geklärt, inwieweit sich die von ihm geschilderten Umstände auf die Sowjetperiode oder heutige Zeit beziehen.[459] So können bezüglich der Anzahl der Sprecher tabuisierter Lexeme keine offiziellen Angaben gemacht werden. Dies sei aber gar nicht nötig, so Timroth, denn es reiche eine Annahme von der Dispersion solcher Sprachvarietäten, da nur demonstriert werden solle, dass diese Varietäten nicht nur im Schatten existieren und lediglich dort Verwendung finden.[460]

Der *мат* ist eine ubiquitäre Varietät innerhalb der russischen Sprache und wird sicherlich von jedem Mutter- und Zweitsprachler verstanden und beherrscht. Er ist Teil aller Bevölkerungsschichten, sozialen und Altersgruppen und wird sowohl von Männern als auch Frauen angewendet[461], wobei man die betreffenden Lexeme zwar kennt, aber nichts über sie kennt.[462] Und war das Fluchen mit Matismen in der Epoche Puškins noch auf die Kommunikation unter Männern begrenzt, so können heutzutage Frauen gegenüber Männern Matismen verwenden, Männer gegenüber Frauen und natürlich auch Frauen untereinander.[463] Eine 2005 gefundene Birkenrindenurkunde beweist sogar, dass schon in der ersten Hälfte des 12. Jahrhunderts Frauen Matismen gebrauchten.[464]

---

458 Vikicitatnik. Michail Sergeevič Gorbačëv.
459 vgl. ebd. S. 79.
460 vgl. Timroth (1983), S. 120.
461 vgl. ebd. S. 120 f.
462 vgl. Zacharova (1994), S. 168.
463 vgl. Konjaev (2013).
464 vgl. Mokienko u. Nikitina (2008), S. 7.

Dennoch gibt es Gruppen, in denen er vermehrt verwendet wird wie zum Beispiel unter Kriminellen oder Alkoholikern. Zunehmend war es aber auch die sowjetische Intelligenz, die Matismen anwendete, was darauf zurückzuführen ist, dass sich diese soziale Schicht in den Anfangszeiten der Sowjetunion verstärkt aus Proletariern und Bauern entwickelte.[465] Heute ist der *мат* überall zu hören und niemand geniert sich, zu fluchen.[466] In der Kneipe ist nichtnormative Lexik mehr oder weniger sogar die Norm.[467]

Man beginnt während der Kindheit und Jugend Matismen zu hören und sich für ihre Bedeutungen zu interessieren. Und bekommt man sie nicht in der Familie mit, so hört man sie auf der Straße, im Hof, in der Clique oder sonstigen Umwelt.[468] Es ist somit nichts Besonderes, wenn Kinder Matismen und obszöne Lexik gebrauchen[469], um sich zu behaupten[470] und der Welt der Erwachsenen, die sich freizügiger als Jüngere ausdrücken dürfen, anzuschließen[471], da das ganze russische Volk den *мат* verwendet. Und die Matismen existieren trotz der Versuche, sie aus der Sprache zu verdammen, bis zur heutigen Zeit, da sie vom Vater zum Sohn, von Generation zu Generation weitergegeben werden.[472]

Für eine große Anzahl an Muttersprachlern büßen Matismen ihre Expressivität aufgrund des aktiven Gebrauchs ein, so dass sie teils fast als neutral gelten. Dennoch wird *мат* sozial bedingt gebraucht. Für gebildete Menschen symbolisiert das Tabu eine Expressivität. Sie verwenden Matismen als Sprachspiele, d.h. in Form von Reimen und periphrastischen Benennungen. Weniger gebildete Menschen hingegen können den expressiven Gehalt von Matismen kaum von Vulgarismen und Schimpfwörtern unterscheiden.[473]

Damit ein Sprecher der russischen Standardsprache sich nun einer Umgangssprache oder anderen Varietät wie beispielsweise dem *мат* bedient, müssen nach Timroth drei notwendige und hinreichende Bedingungen vorhanden sein. Diese „sind 1) die Unvorbereitetheit des Kommunikationsaktes, 2) die Zwanglosigkeit des Kommunikationsaktes und 3) die unmittelbare Beteiligung der Sprecher am

---

465 vgl. Timroth (1983), S. 121 u. 125.
466 vgl. Irzabekov (2011), S. 132.
467 vgl. Žel'vis (2005), S. 263.
468 vgl. Achmetova (1999), S. 3 u. vgl. Oxen (2001), S. 612.
469 vgl. Koester-Thoma (1995), S. 148.
470 vgl. Oxen (2001), S. 626.
471 vgl. Kovalev (2005).
472 vgl. Karpov (2011), S. 137.
473 vgl. Koester-Thoma (1995), S. 148.

Kommunikationsakt"[474]. Dabei wird nicht berücksichtigt, dass solche Sprachvarietäten auch in der Schriftform vorkommen, und sie dann weder unvorbereitet sind, noch ein unmittelbarer Kommunikationspartner existiert. Zudem spielen auch Komponenten wie Alter, Geschlecht, Ort, Anwesenheit fremder Personen u.a. eine Rolle. Für Timroth bedingen sie jedoch nur den Bau der gewählten Varietät und nicht die Wahl einer solchen allgemein.[475] Ermen sieht darin Einflussfaktoren für die Verwendung von Matismen, auf die noch näher eingegangen werden soll.

Mam wird zumeist in lockerer oder familiärer Atmosphäre angewendet, solange der Sprecher bewusst zwischen den Varietäten wechseln kann.[476] Allerdings verwenden bzw. verwendeten ihn mehr oder weniger öffentlich auch Abgeordnete des Obersten Rates, der Staatsduma, der Präsident, Bürgermeister, Schauspieler, Komponisten, Sänger u.a. wie beispielsweise F. Ranevskaja, M. Roztrapovič, I. Kobzon sowie Lenin, Stalin, Chruščov, Gorbačëv, El'cin, E. Primakov, V. Čornomyrdyn, V. Žirinovskij, A. Lebed', I. Ivanov u.v.m. Politiker gebrauchten (und gebrauchen) ihn dabei, um den Gegner gezielt zu provozieren, was jedoch, so Oxen, keine Rechtfertigung für eine öffentliche Verwendung von Matismen sei.[477] Doch neu ist die Verwendung von Matismen unter Politikern nicht, denn schon Ivan der Schreckliche und Peter der Große verwendeten sie.[478] Žel'vis beschreibt Stalin sogar als leidenschaftlichen Verwender obszöner Lexik, was nicht verwunderlich ist, wenn man beachtet, dass sein Vater ein ständig besoffener Schuhmacher war. Um zu zeigen, dass auch Lenin Matismen verwendete, führt Žel'vis Fragmente aus Lenins Briefen an die französische Revolutionärin Inessa Armand an[479], in denen er beispielsweise folgendes schrieb:

> *Если Маша оказалась такой, то я лично очень рад, что это **сука** отказалась идти в наш журнал.*
>
> *На такое **говно**, как Мергейм, не стоит тратить много времени.*[480]

Aus der Schriftsprache vor und nach der Revolution wurde der *mam* entfernt, obgleich er in der Volksdichtung, der erotischen bzw. erotisch-parodistischen Literatur (Barkov, Puškin, Nekrasov, Lermontov u.a.) und der neueren Emigran-

---

474 Timroth (1983), S. 124.
475 vgl. ebd. S. 124 u. 132.
476 vgl. Ermen (1993), S. 79.
477 vgl. Mokienko u. Nikitina (2004), S. 14 u. vgl. Oxen (2001), S. 614 f. u. 620 f.
478 vgl. Mokienko u. Nikitina (2004), S. 14.
479 vgl. Žel'vis (2005), S. 251.
480 ebd. S. 248.

ten- und Untergrundliteratur (Aleškovskij, Venedikt Erofeev, Limonov, Sorokin, Solženicyn u. a.) eine literarische Tradition darstellt. Achmetova schreibt sogar, dass sie allein vermittels der Werke Pëtr Aleškins ihr Wörterbuch hätte schreiben können. Heutzutage verwende zudem jeder zweite Schriftsteller in seinen Werken Matismen und andere unanständige Lexeme. Und sieht man von der literarischen Verwendung ab, so könne der *мат* auf allen stilistischen Ebenen und in allen Anwendungsbereichen verwendet werden: als Kalauer, ausgeklügelter Vers, vulgäre Beleidigung oder scharfe Satire.[481] Lotman meinte zur Verwendung von Matismen in der Literatur, dass jene Lexeme genau dann gebraucht werden könnten, wenn ohne deren Verwendung die Anschaulichkeit oder das inhaltliche Vermögen verloren gingen. Sorokin jedoch vertritt die Auffassung, dass ein Literat, der keine Matismen verwendet, einem Pianisten ähnele, der sich einen Finger abtrenne. Er könne zwar auch so noch spielen, aber Sorokin würde dennoch zehn Finger bevorzugen.[482]

Wenngleich alle Russen einen passiv-rezeptiven Matismen-Wortschatz besitzen[483], hängt dessen Gebrauch von bestimmten Faktoren ab. Diese Einflussfaktoren sind nach Ermen a) das Geschlecht, b) der Grad der Normsprachenadaption, c) die Art der Arbeit und d) die in einer Gruppe vorhandenen Herrschaftsverhältnisse, wobei situativ auch Emotionalität und Alkoholkonsum eine Rolle spielen.[484]

Das Geschlecht ist einer der relevantesten Einflussfaktoren; denn in der Regel sind es Männer, die Matismen und andere obszöne Lexeme benutzen. Zudem ist es eine Art ungeschriebenes Gesetz, dass in Gegenwart von Frauen *мат* nicht verwendet wird, obwohl es natürlich auch Männer gibt, die auch dann Matismen verwenden und fluchen. In vielen Frauen rufen Matismen Ekel, Gleichgültigkeit oder Zurückhaltung hervor. Dennoch verwenden auch sie manchmal, oft unter gleicher sozialer Qualifikation, bestimmte Matismen und „manch eine Frau [...] kann [dem Mann] die Dominanz im Fluchen durchaus streitig machen"[485]. Unter Frauen sind es hauptsächlich jene in Männerberufen, die sich vermittels ihres Berufes den Gebrauch von *мат* angeeignet haben. Ebenso Krankenschwestern und im Besonderen Bäuerinnen, so Spinkler, kennen sich gut aus.[486]

---

481 vgl. Achmetova (1999), S. 4, vgl. Ermen (1993), S. 79 f. u. vgl. Koester-Thoma (1995), S. 149.
482 vgl. Kovalev (2005).
483 vgl. Devkin (1996), S. 117.
484 vgl. Ermen (1993), S. 80.
485 Oxen (2001), S. 614.
486 vgl. Ermen (1993), S. 81 f.

Diese Differenzierungen beruhen auf drei Gründen. Zum einen ist Obszönität ein Vorrecht der Männer, das wie auch Rauchen und Saufen Männlichkeit symbolisiert. Andererseits ist die Tabugrenze bei Frauen höher als bei Männern, was sich partiell auch mit dem zuvor Gesagten deckt. Eine russische Frau oder ein russischer Mann würde deswegen eine Frau niemals direkt nach der Toilette sondern einer Möglichkeit, sich die Hände zu waschen, fragen. Letztendlich sind sexuelle Lexeme frauenfeindlich, da sie eine Hierarchie symbolisieren. Allein das Verb *ебать* deutet auf die Unterwerfung des weiblichen Geschlechts im Geschlechtsakt hin. Gleichzeitig sind diese metaphorischen Ausdrücke Bestandteil sexueller Gewalt. Würden Frauen diese Lexeme nun auch verwenden, so würden sie diese Hierarchie akzeptieren. Aus diesem Grund lehnen Frauen die Verwendung sexueller Lexeme bewusst oder unbewusst ab.[487]

Die Standardsprache stand in der Sowjetunion nicht nur für grammatische Formen und Regeln sondern ebenso für einen kleinkarierten Ethos, zu dem Matismen und andere obszöne Ausdrücke nicht gehörten. Für die Bereiche außerhalb der Literatur ist es wahrscheinlich, dass (nach wie vor) an den Stellen, an denen Hochsprache auftritt, auch versucht wird, innerhalb der ethischen Norm zu bleiben. Dies kann sich dabei entweder auf die Sprechergruppe oder die Sprechsituation beziehen. Das bedeutet, dass in einer offiziellen Gesprächssituation weniger Matismen verwendet werden und bei Sprechern aus dem höheren Bildungsniveau die Normsprachenadaption höher und die Verwendung von Matismen geringer ist. Dies korreliert mit dem zuvor genannten Einflussfaktor, da sowjetische Frauen gebildeter als Männer sind.[488]

Einen weiteren Einfluss auf die Wortwahl besitzt die Art der Beschäftigung. Fragt man Russen, so sind es zumeist Handwerker und Bauarbeiter, die Matismen verwenden. Ermen zitiert Kauffmann und Timroth, nach denen es ebenso Soldaten, Taxifahrer und im Besonderen Bauern seien, die Matismen gebrauchen. Somit verwenden *мат* überwiegend Menschen, die körperlicher Arbeit nachgehen. Sie gebrauchen sie unreflektiert und automatisch, währenddessen Intellektuelle eine reflektierte Verwendung bevorzugen. Viele Matismen drücken im Übrigen körperliche Tätigkeiten und technische Abläufe aus, die natürlich oft mit Männerberufen in Verbindung gebracht werden. Das männliche Geschlechtsorgan wird zudem mit Werkzeugen identifiziert, vgl. Kapitel 2.4.2.1. Intellektuelle Vorgänge werden durch Matismen praktisch nicht dargestellt.[489]

---

487 vgl. ebd. S. 82 f. u. Timroth (1983), S. 130.
488 vgl. Ermen (1993), S. 83.
489 vgl. ebd. S. 84. u. Timroth (1983), S. 130 f.

Der letzte von Ermen beschriebene Einflussfaktor ist das Herrschaftsverhältnis. So sei es deshalb nicht verwunderlich, dass sehr beißende Matismen und andere obszöne Lexeme meistens von Lager- und Gefängnisinsassen sowie Rotarmisten gebraucht würden. Sie unterstünden Freiheitsentzug, schlechten Lebensverhältnissen, harten Drill und starkem psychischen Druck. Außerdem sind dies geschlossene Männergesellschaften, da Frauen im Lager in abgetrennten Bereichen leben und andere Arbeiten verrichten. Es ist auch hervorzuheben, dass unter Lagerinsassen das Verb *ебать* oft genutzt werde, um nachteilige Handlungen wie zum Beispiel rügen, strafen, fertigmachen auszudrücken.[490]

Bei Beachtung der genannten Einflussfaktoren sei anzunehmen, dass die Frequenz, Matismen und obszöne Lexeme zu verwenden, bei männlichen Lagerhäftlingen am höchsten und bei Frauen mit Hochschulbildung am niedrigsten sei. Es spielen zwar auch noch individuelle Faktoren wie beispielsweise die allgemeine Einstellung zu Matismen oder der psychische Zustand des Sprechers eine Rolle, aber niemand könne sich (so einfach) der Sprachnorm seiner Gruppe widersetzen. So unterließen einige in Gegenwart bestimmter Personen die Verwendung von Matismen. Manche verzichteten auf sie komplett, andere nutzen sie nur in negativ-emotionalen Situationen, und wieder andere können auf sie nicht verzichten, da sie fester Bestandteil ihrer Umgangssprache seien. Der *мат* sei nicht wie ein Jargon oder eine Fachsprache, nicht auf einen bestimmten Personenkreis begrenzt und könne in jede Sprachvarietät integriert werden.[491]

In den letzten Jahren der UdSSR wurde der Gebrauch von Matismen populärer. Ein *блядь* oder *ни хуя* innerhalb der Rede galt als chic, was jedoch nicht dafür sorgte, dass ein jeder plötzlich zum *мат*-Sprecher wurde.[492] Diese Entwicklung lässt sich auch heutzutage noch beobachten. Denn heute werden Matismen auch von jenen Menschen verwendet, die sie früher nicht benutzten.[493] Nach einer Umfrage des VCIOM gaben sogar zwölf Prozent der Befragten an, Matismen oft zu verwenden. 48 % würden sie manchmal verwenden und 40 % bescheiden.[494] Das Ende der Sowjetunion und der damit einhergehende Liberalisierungsprozess der Sprachnorm trug schließlich dazu bei, Matismen und andere obszöne Lexeme u. a. in der Presse gesellschaftsfähiger zu machen.[495] Mehr oder weniger wurden

---

490 vgl. Ermen (1993), S. 84 f.
491 vgl. ebd. S. 85. u. Timroth (1983), S. 130 f.
492 vgl. Ermen (1993), S. 85.
493 vgl. Koester-Thoma (1995), S. 149 f. u. Oxen (2001), S. 627.
494 vgl. Kovalev (2005).
495 vgl. Ermen (1993), S. 85.

die Massenmedien mit expressiver Lexik regelrecht gespickt[496], was dafür sorgte, dass durch die Liberalisierung die Literatursprache mit Matismen „verunreinigt" wurde.[497] Während des Präsidentschaftswahlkampfes 1996 konnte man von antikommunistischer Seite Wörter wie *сучьи дети* ʿHurenkinderʾ, *суки* ʿHuren, Schlampenʾ, *шлюхи подзаборные* ʿunanständige, obdachlose Schlampenʾ in den Zeitungen finden. Dennoch beschreibt Žel'vis, dass Journalisten und Politiker Matismen schriftlich eigentlich nicht benutzen, wobei es durchaus Ausnahmen gäbe. Hervorzuheben sei hier besonders die von Limonov herausgegebene Zeitung *Лимонка*, die um Matismen keinen Bogen mache. In der 86. Ausgabe des Jahres 1998 konnte man Sätze lesen wie „Зарплата за октябрь еще х… знает где", „Хе…ня, которая не стоит цены билета", „Просрали всё", „Его рыжий е…льник, ежедневно мелькавший на TV, надоел всем смертельно".[498] Dieser Prozess ist jedoch ebenfalls in anderen Sprachen wie beispielsweise dem Deutschen vertreten, vgl. das Wort ʿScheißeʾ, welches heutzutage im Großen und Ganzen salonfähig ist. Nichts desto weniger sind viele Philologen, Lehrer, Verleger, Schriftsteller sowie einfache Menschen in Russland über diesen Prozess unglücklich.[499] Irzabekov meint sogar, dass die Gewöhnung an Matismen dazu führe, dass viele sie lediglich zur Verbindung von Worten nutzen, indem sie zwischen normale Wörter jene tabuisierten Ausdrücke setzen. Dies sei ein Zeichen des kulturellen, sittlichen und geistigen Zerfalls.[500] Aufhalten lässt sich die Entwicklung der Sprache dennoch nicht. Denn es wird sich das durchsetzen, was die Mehrheit für richtig erachtet.[501] Daran kann wohl auch die Gründung der *Gesellschaft für russische Sprache* in Moskau nichts ändern.

---

496 vgl. Mokienko u. Nikitina (2004), S. 13.
497 vgl. Oxen (2001), S. 264.
498 vgl. Žel'vis (2005), S. 259 u. 264.
499 vgl. Oxen (2001), S. 264.
500 vgl. Irzabekov (2011), S. 133.
501 vgl. Oxen (2011), S. 624 f.

3.2 Tabuisierung

> В уборных на стенах писать
> Традиция, увы, не нова...
> Но где еще – едрёна мать! –
> У нас найдёшь свободу слова?!
> Граффити в общественном туалете[502]

Der *мат* ist innerhalb der russischen Kultur schon sehr lange eine verbotene Angelegenheit. Publikationen zu diesem Thema gab es lange Zeit immer nur im Westen.[503] Das hohe Alter mancher sexueller und skatologischer Lexeme deutet aber auf eine späte Tabuisierung des Anal- und Genitalbereichs im slavischen Kulturkreis hin[504], was auch der Schriftsteller Aleškovskij, der Matismen in seinen Werken verwendet, zum Ausdruck bringt:

> Я думаю, что так называемые матерные слова поначалу-то были словами не ругательными, а сакральными, священными. Поскольку органы наши, гениталии мужчин и женщин, – они же воспроизводят бытие будущих поколений. И пра-пра-прачеловек не мог не испытывать восторга и ужаса перед воспроизводительной родовой деятельностью своей. По важности выполняемых функций половые органы – это number one.[505]

Zacharova glaubt ebenfalls, dass die Sexualität betreffende Lexeme ursprünglich nicht tabuisiert waren.[506] Kovalev ist derselben Meinung wie Aleškovskij und sagt sogar, dass bei den Heiden diese Lexeme tatsächlich sakraler Natur gewesen seien. Denn der Mensch werde schließlich nackt geboren. Erst wo er sich aufgrund klimatischer Bedingungen mit Kleidung schützen hätten müssen, sei Nacktheit mehr und mehr für anstößig gehalten worden. Diese Entwicklung habe sich später auch mit den Worten wiederholt, die Geschlechtsorgane und den Geschlechtsakt bezeichnen. Die Christianisierung hätte schließlich dafür gesorgt, dass die Heiligtümer der Heiden, darunter natürlich auch die sprachlichen, vernichtet worden seien.[507] Und erst mit der Entstehung von sprachlichen Verboten, die Grundlage für kulturhistorische und Veränderungen der Zensur irgendwelcher Realien waren, seien stilistische Differenzierungen und Normierungen von irgendwelchen Wörtern entstanden, wodurch ein Verständnis von dem, was *мат* (in etwa) sei,

---

502 Mokienko u. Nikitina (2004), S. 10.
503 vgl. ebd. S. 10.
504 vgl. Ermen (1993), S. 20.
505 Kovalev (2005).
506 vgl. Zacharova (1994), S. 169.
507 vgl. Kovalev (2005).

erst einmal möglich geworden sei. Nur dadurch habe sich eine (kirchenslavische) Literatursprache entwickeln können. An den Stellen, an denen man ohne tabuisierte Wörter nicht auskam, seien Euphemismen und funktionelle Bezeichnungen gefunden worden. Da die gesprochene altrussische Sprache aber keine Kodifizierung kannte, seien erst einmal alle Worte verwendet worden. Erst mit der sich später verbreitenden Literatursprache seien Verbote und Normen auch in die gesprochene Sprache gekommen. Jedoch waren diese im Mündlichen nicht so streng wie im Schriftlichen.[508]

Der *мат* ist, egal in welcher Art und Weise oder Funktion er verwendet wird, verboten, wobei im Besonderen der Bereich der Öffentlichkeit betroffen ist. Eine Verwendung von Matismen wird, vollkommen gleichgültig, ob es einen Anlass dazu gibt, von der Gesellschaft missbilligt und verurteilt.[509] Dennoch sind manche Russen Matismen gegenüber tolerant, da sie zum Alltag gehören. Die einen verwenden sie nur in bestimmten Situationen oder gar ohne bestimmten Anlass, und andere wie die Kirche, die Zensur und manche Staatsinstitutionen verdammen und belegen den *мат* mit Verboten.[510]

In der ehemaligen UdSSR herrschte die Taktik vor, so zu tun, als würden Matismen überhaupt nicht existieren. „Все знали мат, а прикидывались, что не знают его"[511], schreibt Achmetova. Viele wissenschaftliche Arbeiten erschienen im Westen und aus Wörterbüchern wurden obszöne Lexeme gestrichen, ohne zu bedenken, dass der *мат* eine große Rolle innerhalb der Alltagssprache spielt und eine etymologische Aufklärung sogar zur Erhöhung der „kulturellen Rede" beitragen würde. Das Verbot obszöner Lexik ging sogar so weit, dass versucht wurde, homonyme Lexeme, die eventuell in Verbindung mit anstößiger Lexik stehen, aus Texten zu eliminieren. Dennoch war das offiziöse Verwendungsverbot von Matismen manchen Aristokraten und Literaten fremd, so dass die zaristische und sowjetische Presse gezwungen war, betreffende Lexeme durch Gedankenpunkte zu verstecken. Den Lesern aber fiel das Dekodieren leicht und sie empfanden dabei wahrscheinlich eine Art heuristischen Genusses. Nicht zuletzt sorgte genau diese Entwicklung von Erneuerung und Wiederholung durch die Zensur dafür, dass Matismen eine solche ungewöhnliche Lebensfähigkeit besitzen.[512]

---

508 vgl. Zacharova (1994), S. 169.
509 vgl. Žel'vis (2011), S. 301.
510 vgl. Oxen (2001), S. 611.
511 vgl. Achmetova (1999), S. 4.
512 vgl. Mokienko u. Nikitina (2004), S. 10–12.

Und obwohl Studien verboten waren[513], beschäftigte sich Achmetova schon in den 1960er Jahren mit Matismen und promovierte schließlich auch auf diesem Gebiet der Sprachwissenschaft. Die Verteidigung ihrer Dissertation, so schildert sie es selbst, verlief aufgrund der heftigen Tabuisierung damals unter strengster Geheimhaltung, als ob es sich um nukleare Kernforschung drehe. Nach der erfolgreichen Disputation kam ihre Promotionsschrift in spezielle Verwahrung. Als sie dann in den 1970er Jahren zum Zwecke einer Präzisierung für eine Habilitationsschrift ihre eigene Dissertation ausgehändigt bekommen wollte, ging dies nur mit einer speziellen Erlaubnis. Ein Matismen-Wörterbuch zu publizieren, wie sie es später tat, war ihr zu sowjetischen Zeiten innerhalb der Sowjetunion nicht möglich, da kein Verlag sich dazu bereit erklärt hätte.[514] Trotzdem war obszöne Lexik, insbesondere der *мат*, fortwährend existent. Er war offiziell ein offenes Geheimnis, wurde aber im Inoffiziellen verwendet.[515] Um die Verwendung von Matismen in der Sowjetunion dennoch einzudämmen, gab es innerhalb unterschiedlicher Perioden verschiedene Strafen für ihren Gebrauch wie etwa Verweise, Parteirügen und Eintragungen in die Personalakte.[516]

Mit dem Tauwetter änderte sich die Haltung zum *мат* erstmals, da er ab dieser Zeit als scherzhafte Interpretation verwendet werden konnte, d.h. Aussagen wie „Иди к чёрту!", „Дурак!" wurden – wohl bemerkt als scherzhafte Form – möglich. Schimpfwörter wurden somit erstmals rehabilitiert.[517]

Брань полезна, - пишет автор юморески, - не только тем, что она снижает излишнее психическое напряжение, создавая эффект своеобразного морального «катарсиса». В брани проявляется активное отношение человека к жизни, его несогласие с тем, что он считает вредным или отжившим. Брань – родная сестра критика и сатиры![518]

A. Grodzinskij sorgte schließlich während der Perestrojka für einen Effekt, der wie eine Bombe einschlug, als er 1988 in einer Zeitung die Verwendung von Matismen zu rechtfertigen versuchte. Die Zeilen waren selbst zu dieser Zeit sehr kühn. Schon eine Woche später wurden in einem Artikel von Jurij Makarov alle mit Gedankenpunkten versehenen Wörter durch Punkte ausgetauscht. Grodzinskij, der Verfasser der folgenden Zeilen, starb übrigens kurze Zeit später.[519]

---

513   vgl. Oxen (2001), S. 613.
514   vgl. Achmetova (1999), S. 3 f.
515   vgl. Oxen (2001), S. 613.
516   vgl. ebd. S. 621 f.
517   vgl. Mokienko u. Nikitina (2004), S. 16.
518   vgl. ebd. S. 16 f.
519   vgl. ebd. S. 17.

Дело не в том, чтобы не знать дурных слов или делать вид святоши: мол, ты таких слов не понимаешь. Ибо ругань бывает, так сказать, и вынужденной – когда человека довели до такого состояния, что невозможно сдержаться [...] Я не сомневаюсь в том, что, скажем, А.С. Пушкин тоже знал матерщину и при случае мог ее употреблять.[520]

Die Tradition, obszöne Lexik aus literarischen Texten zu entfernen, hielt allerdings auch während der Perestrojka an, da nach wie vor die von Stalin proklamierte marxistische Sprachwissenschaft vorherrschte. Schon drei Jahre nach der Zurechtweisung Grodzinskijs konnte man dann in Zeitungen sogar von der Apologetik des russischen *мат* lesen. Schließlich begann mit der Postperestrojka die „Matisierung" des Landes mit kosmischer Geschwindigkeit. Matismen waren in gedruckter Form zu lesen, auf Straßen und in Filmen zu hören und wurden, so A. F. Žuravlev, zum Spiegel des russischen Lebens.[521]

Dennoch war es auch bereits mit der Glasnost' in Russland möglich, das Ungedruckte zu drucken. Die thematische Freiheit, so A. N. Kochtev, erlaubte Schriftstellern und Journalisten von nun an über solche Situationen zu sprechen, die früher verboten waren, was zu einer Aktivierung der obszönen Sprache innerhalb der Schriftsprache führte. Ohne jene anstößigen Lexeme war es aber auch nicht bzw. nur selten möglich, bestimmte soziale Gruppen zu beschreiben und zu verstehen. Matismen wurden Mode. Die gegenwärtige Literatur ist reich an obszöner Lexik, und Werke wie die von Aleškovskij, Solženicyn, Aksënov, Dovlatov u.a. werden überall verkauft und viel gelesen. Denn der Komplott des Schweigens, der den *мат* einkreiste, wurde gebrochen. Selbst die gegenwärtig mächtige Frauenliteratur verachtet ihn nicht, sondern nutzt ihn offen in seinen „euphemisierendsten" Formen. Wichtig ist hierbei aber, dass man gegenüber sich selbst eine Zensur und ein Verbot von beleidigenden Lexemen etabliert. Doch einmal mit dem Fluchen angefangen, wird es schwer, eine Grenze zu finden, da die Schwelle zwischen obszöner und sittlicher Lexik nur schwer zu setzen ist.[522]

Die Detabuisierung des *мат* ist dabei irgendwie auch eine Reflexion der allgemeinen Demokratisierung der russischen Gesellschaft[523], weshalb die aktuelle Verschärfung der Gesetzeslage in Bezug auf die öffentliche Äußerung von obszöner Lexik in den Massenmedien einen üblen Nachgeschmack auf der Zunge hinterlässt. Doch zu einem Verbot kam es nicht das erste Mal. Denn bereits 1966 erließ der Oberste Rat der UdSSR einen Ukaz, der die Verwendung von obszönen

---

520 vgl. ebd. S. 17.
521 vgl. ebd. S. 18.
522 vgl. ebd. S. 13 f.
523 vgl. ebd. S. 15.

Schimpfwörtern an öffentlichen Orten mit einer Geldstrafe in Höhe von zehn bis 15 Rubel, 15 Tagen Ordnungshaft oder ein bis zwei Monaten „Strafarbeit" mit 20 % Lohnkürzung bestrafte.[524] Heutzutage bezeichnet der Kodex der Russischen Föderation über administrative Delikte die Verwendung von anstößigen Lexemen gegenüber der Gesellschaft in Paragraph 20.1 als leichtes Rowdytum und sieht Geldstrafen in Höhe von 500 bis 1000 Rubel oder eine Ordnungshaft bis zu 15 Tagen vor. Der Wortlaut des Gesetzes ist folgender:

> *Мелкое хулиганство, то есть нарушение общественного порядка, выражающее явное неуважение к обществу, сопровождающееся нецензурной бранью в общественных местах, оскорбительным приставанием к гражданам, а равно уничтожением или повреждением чужого имущества, -*
> *влечет наложение административного штрафа в размере от пятисот до одной тысячи рублей или административный арест на срок до пятнадцати суток.*[525]

Im Mai 2013 stimmten 381 Abgeordnete der Staatsduma für und 54 Abgeordnete gegen ein Gesetz, nach dem die Verwendung von Matismen in den Massenmedien unter Strafe steht. Von nun an werden einfache Bürger, juristische und Amtspersonen, die in den Massenmedien anstößige Lexeme verwenden, mit Geldstrafen belangt. Nicht inbegriffen sind allerdings künstlerische und literarische Texte sowie das Internet, da jene nicht zu den Massenmedien zählen.[526] Das Gesetz ist im Kodex der Russischen Föderation über administrative Delikte zu finden. Es wurde unter Paragraph 13.21 subsumiert, der Verletzungen der Produktion und Verbreitung von massenmedialen Erzeugnissen beinhaltet. Der Wortlaut ist folgender:

> *Изготовление или распространение продукции средства массовой информации, содержащей нецензурную брань, за исключением случаев, предусмотренных частью 2 настоящей статьи, -*
> *влечет наложение административного штрафа на граждан в размере от двух тысяч до трех тысяч рублей с конфискацией предмета административного правонарушения; на должностных лиц – от пяти тысяч до двадцати тысяч рублей с конфискацией предмета административного правонарушения; на юридических лиц – от двадцати тысяч до двухсот тысяч рублей с конфискацией предмета административного правонарушения.*[527]

---

524 vgl. ebd. S. 15.
525 Kodeks Rossijskoj Federacii ob administrativnych pravonarušenijach vom 30.12.2001, geändert am 23.07.2013.
526 vgl. Kalinina u. Trosnikova (2013).
527 Kodeks Rossijskoj Federacii ob administrativnych pravonarušenijach vom 30.12.2001, geändert am 23.07.2013.

Als Reaktion auf dieses Gesetz bekundete der Vorsitzende des Menschenrechtsrats beim Präsidenten der Russischen Föderation, dass er zwar kein Freund von Matismen sei, jedoch andere Formen als ein Gesetz für effektiver hält.[528] Konjaev fragt sich, welche Lexik eigentlich obszön sei. Das Gesetz sei absurd, weil man eine Liste führen müsse, die verbotene Wurzeln und Wörter beinhalte sowie jene Liste auch stets aktualisieren. Dies sei jedoch unter anderem deshalb sinnlos, da jede Periode ihre eigenen tabuisierten Lexeme besitze.[529] Ein wegen Beleidigung Verurteilter wurde sogar einmal, so beschreiben es Mokienko und Nikitina, freigesprochen. Er habe zwar das Wort *мудак* beleidigend gebraucht. Aber da der Anwalt mithilfe eines erklärenden Wörterbuchs der russischen Sprache beweisen konnte, dass dieses Lexem nicht anstößig ist, konnte er auch nicht strafrechtlich belangt werden.[530]

Der Schauspieler Nikita Džigurda meinte, dass er für die Verwendung von Matismen nicht bestraft werden dürfe. Denn der *мат* sei eine literarische Norm. Auch im Englischen gäbe es eine sogenannte nichtnormative Lexik, die bereits vor langer Zeit den Status einer literarischen Norm bekam. Er wird weiterhin in seinem Schaffen anstößige Lexik verwenden, um Gedanken zu unterstreichen und Gefühle hervorzuheben, da die Texte ohne Matismen langweilig, veraltet und weit entfernt von der Jugend wären.[531]

Der *мат* sei letztendlich, so Devkin, vital und durch Verbote nicht zu untersagen oder gar auszulöschen.[532] Er ist in unterschiedlichen Situationen, so die Rektorin der St. Petersburger Universität, unzulässig, möglich oder unvermeidbar. Dies herauszufinden sei aber Aufgabe einer notwendigen wissenschaftlichen Untersuchung.[533]

---

528   vgl. Kalinina u. Trosnikova (2013).
529   vgl. Konjaev (2013).
530   vgl. Mokienko u. Nikitina (2004), S. 16.
531   vgl. Kalinina u. Trosnikova (2013).
532   vgl. Devkin (1996), S. 117.
533   vgl. Mokienko u. Nikitina (2008), S. 4.

4. Der MAT in Ėduard V. Limonovs Werk *Это я – Эдичка*

4.1 Über den Autor Ėduard V. Limonov

Ėduard Veniaminovič Limonov wurde am 22.02.1943 in Dzeržinsk in der Gor'kovskaja Oblast als Sohn von Veniamin Ivanovič Savenko und Raisa Fëdorovna Zybina geboren. Sein eigentlicher Nachname war Savenko, unter seinem Pseudonym Limonov wurde er jedoch weltbekannt. Er war bzw. ist Politiker, Schriftsteller, Philosoph, politischer Gefangener, Frontsoldat, Vorsitzender der offiziell verbotenen National-Bolschewistischen Partei, Deputat und Mitglied der Nationalversammlung der Russischen Föderation sowie Oppositionskandidat bei der Präsidentschaftswahl im Jahr 2012 u. v. m. Prilepin meint über Limonov sogar, dass sein Leben Stoff für fünf Biographien von Literaten oder Politikern bieten würde.[534]

Informationen zu seiner Person deuten nahezu immer auf ein extravagantes Leben, das durch Extrema und Widersprüchlichkeiten gekennzeichnet ist, was allein schon die folgenden Aussagen über ihn verdeutlichen:

> *Eduard Limonow ist eine irritierende Figur der russischen Öffentlichkeit: Kleinkrimineller, Faschist, Stalinist – aber auch: bedeutender Schriftsteller, Guerillero und mutiger Nonkonformist.*[535]
>
> *Eduard Limonow, spätestens seit der Gründung der Nationalbolschewistischen Partei eine der umstrittensten und widersprüchlichsten Figuren Russlands, lebt sein abenteuerliches Leben mit einer schwindelerregenden Intensität. Er hatte Sex mit Männern und Frauen, verführte Minderjährige, wurde Familienvater, lebte als hungerleidender und partyfeiernder Dandy in den USA und in Paris, gründete eine Partei, kämpfte als Freiwilliger in diversen Kriegen, tötete und saß im Gefängnis. Seine politische Wandlung vollzog sich von extrem links nach extrem rechts – immer in Opposition zum Establishment.*[536]
>
> *Nationalbolschewist, Sex-Abenteurer, Selbstdarsteller: Der Schriftsteller Eduard Limonow ist eine der schillerndsten Figuren der russischen Politik und fordert mit provokanten Aktionen den Staat heraus. [...] Limonow ist ein Mann wie Dynamit. Einer der – wohldosiert – auf viele seiner Leser belebend wirkt. Und dennoch einen unangenehmen Nachgeschmack hinterlässt. [...] Ein Narziss und ein Egomane [...] Eher ein Delinquent als ein Dissident und lieber ein Proll als ein Intellektueller, sagt Limonow selbst. Aber auch ein guter und*

---

534 vgl. Prilepin, Zachar: Biografija. Ego imja – Ėduard Limonov.
535 Schneider, Felix: Eduard Limonow, Held der östlichen Welt (2013).
536 Klappentext zu: Carrère, Emmanuel (2012).

anständiger Typ, finden seine potentielle Schwiegermutter, die Zellennachbarn im Gefängnis und die einzige Slawistikprofessorin, die Limonows Bücher für große Literatur hält.[537]

Seine Jugend, die vom Recht des Stärkeren geprägt war, verbrachte Limonov in einem Randgebiet von Char'kov, der eine hohe Kriminalitätsrate aufwies. Nach Aussagen von Nachbarn schaffte er es dennoch, sich zu behaupten. 1958 bis 1961 überfiel er Läden und beging andere ähnliche Delikte, weshalb er bei der Miliz nicht unbekannt war und mehrmals eine Ordnungshaft verbüßen musste. Diese Erlebnisse seiner Kindheit und Jugend schildert er in seinen Werken *У нас была Великая Эпоха* und *Подросток Савенко*, die später auch für einen autobiographischen Film genutzt wurden.[538]

1958 fing Limonov, nachdem er einen Gedichtband von Blok gelesen hatte, an, selbst Gedichte zu schreiben. Er war ein guter Schüler und begann sofort nach der Schule, d.h. nach achtjähriger Schulzeit, zu arbeiten. Mit 23 Jahren war er schließlich Hochmontagebauarbeiter und Stahlwerker. Bei dieser Beschäftigung kam Limonov das erste Mal mit Matismen in Kontakt. Beim Bau einer Halle für das Panzerwerk kletterte er einmal in 30 Metern Höhe bis zum Eis hinauf. Er vergaß sich festzuhalten, und die Leiter wurde durch den starken Wind weggeweht, woraufhin er dort in der Höhe sich an den Händen festhaltend hing. Ein Brigadier bemerkte dies und fing unweigerlich an unter Verwendung von Matismen zu fluchen. Limonov wurde dadurch so angespornt, dass er es schaffte, die Leiter zu erreichen und unbeschadet hinunterzukommen. Er bekam vom Brigadier ein Glas Schnaps und verwendete selbst zum ersten Mal obszöne Lexeme. Denn er entgegnete dem Brigadier: „Ты меня, сука, перепугал!".[539]

1965 begann er, sich intensiv mit Literatur zu beschäftigen und bekam schließlich auch sein heute berühmtes Pseudonym *Limonov*, welches ihm ein Bekannter empfahl. 1966 ging er erstmals nach Moskau, kehrte aber nach zwei Monaten Aufenthalt zurück in die Heimat. 1987 verließ er jene jedoch endgültig gen Moskau, wo er anfangs unangemeldet lebte und als Schneider arbeitete. 1967 besuchte er ein literarisches Seminar Arsenij Tarkovskijs, wurde mit Leonid Gubanov, Ve-

---

537 Piegsa, Oskar: Extremisten-Biographie „Limonow": Pussy Riots düsterer Vorgänger (31.08.2012).
538 vgl. Prilepin, Zachar: Biografija. Ego imja – Ėduard Limonov u. Ljudi: Ėduard Limonov – Eduard Limonov.
539 vgl. Prilepin, Zachar: Biografija. Ego imja – Ėduard Limonov u. Ljudi: Ėduard Limonov – Eduard Limonov.

nedikt Erofeev und anderen Untergrund-Literaten bekanntgemacht und wurde schließlich Mitglied der inoffiziellen Gruppierung СМОГ [540],[541].

Das Tauwetter sorgte nicht für eine Liberalisierung und Verbesserung für die Schriftsteller – eine spezielle inoffizielle Aufsicht wurde sogar eingerichtet, damit die Schriftsteller kontrolliert werden konnten. Limonov wurde schließlich durch einen KGB-Mitarbeiter vor die Wahl gestellt, entweder als Geheimagent zu arbeiten oder aber aus der Sowjetunion zu emigrieren. Trotzdem er keine antisowjetische Haltung einnahm, entschied er sich für die Emigration, verweilte 1974 kurzzeitig in Europa und immigrierte in die USA, wo für ihn ein neues Leben im Exil begann.[542]

Er spricht heute noch fließend Englisch und konnte in den USA, solange seine antisowjetischen Werke publiziert wurden, von den Dividenden leben. 1975 arbeitete er als Korrektor bei der Zeitung *Новое русское слово*, in der auch von ihm geschriebene, kritische Artikel zum bourgeoisen und kapitalistischen Leben in den USA veröffentlicht wurden. Er war einer der ersten, die erkannten, dass auch das westliche Modell mit Mängeln behaftet ist wie auch die UdSSR. Nachdem mehrere Artikel erschienen waren, publizierte man seine Werke nicht mehr, woraufhin er feststellte, dass es auch im Westen eine Zensur gab, die nicht besser war als jene in der Sowjetunion. 1976 zieht er sogar mit Handschellen gefesselt zum Gebäude der Zeitung *New York Times*, um für die Veröffentlichung seiner Artikel zu demonstrieren. Im gleichen Jahr druckte die sowjetische Zeitung *Неделя* einen seiner antiamerikanischen Artikel, weshalb er seine Stelle bei der Zeitung *Новое русское слово* verlor. Um sich Lebensmittel kaufen zu können, nahm er in dieser Zeit alle Arbeiten an, die er bekommen konnte. So arbeitete er bis zur Ausreise aus den USA in 13 Berufen wie z.B. als Maurer, Kindermädchen, männliche Magd, Kellner oder Schneider. Über sich selbst sagt er, dass er goldene Hände habe und stolz sei, ein Arbeiter zu sein.[543]

In der zweiten Hälfte der 1970er Jahre näherte er sich den amerikanischen Trotzkisten an und wurde Mitglied der Sozialistischen Arbeiterpartei der USA und es kam zur Überwachung seitens des FBI. 1976 schrieb er innerhalb von vier Monaten den Roman, der ihn über alle Kontinente hinweg bekannt machte

---

540 Das Akronym *СМОГ* steht für *Смелость, Мысль, Образ, Глубина*. Es handelt sich um eine Vereinigung junger Literaten, die von Leonid Gubanov 1965 ins Leben gerufen wurde. Sie war eine der bekanntesten und ersten Vereinigungen, die sich der staatlichen und parteilichen Kontrolle widersetzte.
541 vgl. Prilepin, Zachar: Biografija. Ego imja – Ėduard Limonov.
542 vgl. ebd.
543 vgl. ebd. u. Ljudi: Ėduard Limonov – Eduard Limonov.

und vier Millionen Mal in 15 Sprachen verkauft wurde: *Это я – Эдичка*. Bis es dazu kam, verging allerdings eine Weile. Denn 35 amerikanische Verlage sahen von einer Publikation ab, da die USA nicht ausschließlich positiv dargestellt und homosexuelle Szenen naturalistisch beschrieben wurden. Letztendlich wurde der Roman in Frankreich verlegt, zählte zur Weltliteratur und Limonov zog nach Paris um, begann, Französisch zu lernen und näherte sich der französischen kommunistischen Partei an, für deren Zeitung er alsbald arbeitete. 1982 lernte er in Los Angeles die Sängerin Natal'ja Medvedova kennen, die zu ihm nach Paris zog. Es entstand sein Werk *Укрощение тигра в Париже* und daran anschließend ein Buch nach dem anderen. Seine Werke werden in viele Sprachen übersetzt und in den 1980er Jahren zählte man ihn zu den weltbekanntesten Schriftstellern. Allein in Frankreich sind 22 seiner Werke erschienen, und überhaupt ist er dort der bekannteste russische Schriftsteller, so dass er 1987 sogar eingebürgert wurde. In Deutschland und den Niederlanden waren manche seiner Werke Bestseller – der Roman *Это я – Эдичка* wurde in beiden Ländern sogar 85.000 Mal verkauft – und auch in den konservativen USA wurden nun seine Bücher verlegt. Ein amerikanischer Senator meinte über Limonovs Werke einmal, dass jene schlimmer für die USA seien als die sowjetische Propaganda.[544]

Nach der Perestrojka gelang es dem Schriftsteller Julian Semënov, Limonov in die Heimat zurückzuholen, wo er mithilfe seiner gesammelten Erfahrungen anfing zu publizieren und mit den westlichen Systemen abrechnet, die nicht besser seien als die UdSSR. Er publiziert in der Zeitung *День* und hat eine Kolonne bei der *Советская Россия*. 1992 wurde die Ausbürgerung aus der UdSSR annulliert. Von nun an suchte er Mitkämpfer, mit denen er auf das politische Geschehen im Land wirken kann. Limonov wurde schließlich mit Vladimir Žirinovskij bekannt gemacht und trat dessen liberaler Partei bei. Allerdings fiel ihm schnell auf, dass es Žirinovskij als Parteiführer an Überzeugung fehlt und die Partei eher eine Attrappe ist, weshalb es schon Ende 1992 zum Bruch kam.[545]

Von 1991 bis 1993 nahm Limonov auf serbischer Seite an drei Jugoslawienkriegen teil, wobei er freiwillig zur Waffe griff, da er eigentlich nur als Journalist dort war. Dies wurde von der französischen Öffentlichkeit, die eine antiserbische Haltung einnahm, nicht für gut geheißen. In Frankreich wurden seine Bücher von nun an nicht mehr verlegt und der Name Limonov fiel einem inoffiziellen Verbot zum Opfer. Die Geschehnisse im Kriegsgebiet wurden von ihm im Werk *СМРТ* 2008 niedergeschrieben. 1993 riskierte Limonov sogar sein Leben, als er in die

---

544 vgl. ebd. u. Ljudi: Ėduard Limonov – Eduard Limonov.
545 vgl. Prilepin, Zachar: Biografija. Ego imja – Ėduard Limonov.

Schusslinie von Wacheinheiten des Weiße Hauses in Moskau gerät und Zeuge des Mordes an mehreren Dutzend Menschen wird.[546]

Nach der oppositionellen Niederlage gegen El'cin war Limonov der Meinung, dass eine neue Partei nötig sei, um die Politik zu verändern. Er gründete 1993 die National-radikale Partei und 1994 die Nationalbolschewistische Front, die später in Nationalbolschewistische Partei (NBP) umbenannt wurde – eine einzigartige Partei, deren Mitglieder nur die Charaktereigenschaft Tapferkeit und die Liebe zur Heimat ein, der es aber an einer Zulassung seitens des Justizministerium fehlte. Zudem gründete er die Parteizeitung *Лимонка* und ging auf Mitgliedersuche. Die *нацболы*[547], die im Volk auch *лимоновцы* genannt werden, organisierten von dieser Zeit an Demonstrationen, Streikposten u.a. Limonov nimmt 1994 am IX. Kongress der russischen Schriftsteller teil. 1995 rief er zur Gründung eines einheitlichen Blocks mit der kommunistischen Arbeiterpartei und der nazistischen Russisch-Nationalen Einheit auf und veröffentlichte ein Wahlprogramm, dass u.a. die Forderung, alle Gebiete, in denen mehr als 50 % Russen leben, mit Russland zu vereinen, enthielt. 1996 wurde er nach einer Reihe heftiger Aussagen zuerst nach Estland und dann nach Lettland geschickt. Im gleichen Jahr wurde er nahe der Parteizentrale der NBP von drei Unbekannten verprügelt. Zudem kam es zu einem Anschlag auf das Parteigebäude, bei dem sich darin aufhaltende Personen niedergeschlagen wurden. 1997 wurde die NBP als überregionale Organisation eingetragen und der Redaktionsraum der Parteizeitung gesprengt, woraufhin Limonov in der Zeitung „нас не запугать" veröffentlichte.[548]

1997 nahm er ein Angebot russischer Separatisten in Kasachstan an, gemeinsam zu versuchen, die russischsprachigen Teile Kasachstans zu separieren und später an Russland anzugliedern. 2001 kam es dann zur Verhaftung Limonovs durch den FSB. Man beschuldigte ihn, terroristische Akte vorzubereiten, eine ungesetzliche bewaffnete Organisation gegründet, Waffen und Munition erworben und aufbewahrt sowie zum Sturz der verfassungsgemäßen aufgerufen zu haben. Da es jedoch nur für den Waffenbesitz Beweise gab, wurde er nur zu vier statt der vom Prokurator geforderten 14 Jahren Freiheitsentzug verurteilt. Im Gefängnis schrieb er acht Bücher und kam 2003 vorzeitig frei, woraufhin er wieder mit der politischen Arbeit anfing. Im selben Jahr versuchte Limonov, alle oppositionellen Kräfte zu vereinen, um das Land zu regieren. Seine Partei wurde nicht als offizielle Partei vom Justizministerium zugelassen, was auch eine Namensänderung

---

546 vgl. ebd. u. Ljudi: Èduard Limonov – Eduard Limonov.
547 Das Akronym steht für **национальные большевики**.
548 vgl. Prilepin, Zachar: Biografija. Ego imja – Èduard Limonov u. Ljudi: Èduard Limonov – Eduard Limonov.

in *Nationalbolschewistische Ordnung* nicht änderte. Die Vereinigung NBP wurde 2005 geschlossen, was allerdings nicht zum Untergang der Partei führte. Als der Prokurator dann das Verbot der Partei forderte, da sie extremistischen Tätigkeiten nachginge, betonte Limonov nur, dass dies absurd sei. Allerdings saßen bereits über 170 Mitglieder der NBP in Russland im Gefängnis.[549]

2006 kam es zur Koalition *Другая Россия*, die bis 2008 mehrere Aktionen durchführte, die als *марши несогласованных* bekannt sind und bei denen bis zu 20.000 Milizen und Mitarbeiter des *ОМОН* anwesend waren. Nachdem sich Limonov schließlich als den konsequentesten und tapfersten Oppositionellen Russlands bezeichnete, wandten sich immer mehr Kollegen und Mitkämpfer, ob rechts- oder linkspolitisch, von ihm ab. Von diesem Zeitpunkt an kam es auch zur verstärkten Überwachung von Oppositionellen.[550]

2009 äußerte Limonov den Wunsch, an den Präsidentschaftswahlen 2012 teilzunehmen[551], was ihm jedoch nicht gelang.[552] Auch heute ist er noch politisch aktiv und tritt in der Öffentlichkeit auf. So sprach er sich beispielsweise gegen ein Verbot des Verkaufs der Memoiren von Joseph Goebbels aus[553] und rief die Bürger Moskaus dazu auf, die Wahlen zum Bürgermeisteramt am 08.09.2013 zu boykottieren, da sie eine Sackgasse seien.[554] Am 31.08.2013 wurde er verhaftet, da er an einer nicht genehmigten Aktion des Bündnisses *Стратегия-31*[555] teilnahm, um für die Einhaltung des Paragraphen 31 der Verfassung der Russischen Föderation, der das Demonstrationsrecht zum Inhalt hat, zu demonstrieren.[556] Zudem habe sich Limonov auch abfällig gegenüber dem LGBT-Netzwerk geäu-

---

549 vgl. ebd.
550 vgl. Prilepin, Zachar: Biografija. Ego imja – Ėduard Limonov.
551 vgl. ebd.
552 vgl. Pronin, Nikolaj: Ėduard Limonov ne možet učastvovat' v vyborach prezidenta 2012.
553 vgl. RSN: Ėduard Limonov vystupil protiv zapreta prodaži memuarov Gebbel'sa.
554 vgl. Arceva, Ol'ga: Ėduard Limonov prizyvaet rossijan ne chodit' na vybory 8 sentjabrja.
555 *Стратегия-31* ist eine Bürgerbewegung. Seit dem 31.05.2009 versammeln sich um 18:00 Uhr auf dem Triumphplatz in Moskau an jedem 31. eines Monats Bürger, um zu demonstrieren. Seit 2010 gibt es die Versammlungen auch in anderen russischen Städten, was ihr einen gesamtrussischen Charakter brachte. Solidarische Demonstrationen gab es auch bereits im Ausland – in Berlin, Brno, Brüssel, Prag, Helsinki u. a. Städten. Limonov ist an der Organisation maßgeblich beteiligt.
556 vgl. Astapkovič, Vladimir: Limonova znova zaderžali.

ßert[557], was fraglich ist, da er in seinem autobiographischen Roman über eigene homosexuelle Kontakten berichtet.

4.2 Kurzer Abriss über das Werk

Der Roman *Это я - Эдичка* ist, wenn man den Angaben trauen kann, eine (Art) Autobiographie, die das Leben Limonovs in den USA nach seiner Emigration aus der UdSSR schildert.

Das Werk beginnt mit der Emigration des jungen Ėdička und seiner Frau Elena in die USA. Als besondere Anziehungskraft auf Elena fungieren seine sexuellen Fähigkeiten, die an den verschiedensten Orten unter Beweis gestellt und – wie alle anderen sexuellen Abenteuer – sehr genau beschrieben werden. Das bettelarme Leben fängt aber Elena binnen kürzester Zeit an zu langweilen – denn Ėdička bekommt nur Welfare (Sozialhilfe), um seinen Lebensunterhalt zu bestreiten, und lebt im Zimmer eines schäbigen Hotels – weshalb sie sich reiche Liebhaber zulegt und Ėdička nicht mehr in ihr Leben mit einbezieht. Ėdička jedoch liebt Elena weiterhin, solange sie nur mit ihm sexuell aktiv ist, was sie allerdings immer seltener tut. Voller Traurig- und Hoffnungslosigkeit versucht er sich die Pulsadern aufzuschneiden und auch Elena zu erwürgen, was jedoch beides misslingt. Daraufhin gehen dann beide getrennte Wege.

Ėdičkas Umgang besteht aus labilen und vom Leben gezeichneten Emigranten, die auf die amerikanische Propaganda hereinfielen und sich nun in einer demütigen Lage befinden. Aufgrund dieser Menschen fing er auch an, einen Faible für teure und seltsame Kleidung zu bekommen wie Absatzschuhe oder weiße Westen, für die er eine Menge Geld ausgibt.

Er arbeitet schließlich als Hilfskellner in einem Restaurant, trinkt und isst die Reste von Tellern und aus Gläsern, wie es auch die anderen Kellner tun. Doch schon bald beendet er diese Arbeit, da er sie als unwürdig für einen Poeten erachtet.

Oft genügt schon der Anfangsbuchstabe seiner ehemaligen Frau, den er irgendwo erblickt, und seine Gedanken sind wieder bei ihr. Er versucht, sein Leben zu ändern, und man bietet ihm schließlich sogar an, in Bennington zu unterrichten. Doch er stellt es sich bereits im Voraus als eine langweilige Arbeit vor und verzichtet. Vielmehr erhofft er sich, eine reiche Frau zu finden, die mit ihm Abenteuer durchlebt.

---

557 vgl. Jakovlena, Julia: LGBT-soobščestvo budet dobivat'sja zapreta na v"esd rossijskich gomofobov v Evropu i SŠA.

Ėdička ist politisch links und sympathisiert mit anarchistischen und kommunistischen Bewegungen. Er meint, die Welt sei ungerecht und hält es für unnormal, wenn die einen Menschen arm und die anderen reich geboren würden. Er stellt sich vor, an einer Revolution teilzunehmen, lernt aber nur Mitglieder der Arbeiterpartei der USA kennen.

Schließlich entdeckt er für sich die Liebe zu Männern und lernt den etwas älteren Raymon kennen. Beide empfinden füreinander Zuneigung, doch in Raymons Leben taucht ein anderer Liebhaber auf und Ėdička weiß nicht, ob er Raymon das geben kann, was er benötigt. Ėdička möchte aber seine homosexuelle Jungfräulichkeit verlieren, weshalb er an einschlägigen Orten nach Männern sucht. Er trifft auf einen Schwarzen, mit dem er schließlich auch intim wird. Dieser bleibt aber nicht sein einziger Sexualpartner. Er schläft weiterhin mit einem weiteren Schwarzen namens Johnny, mit Sonja, und Rosanne. Bei alle dem kann er jedoch Elena nicht vergessen, mit der er sich manchmal trifft. Am Tag ihrer fünfjährigen Bekanntschaft endet alles sogar darin, dass Ėdička sich bis zur Bewusstlosigkeit berauscht.

Um sich die Zeit zu vertreiben, erkundet Ėdička New York, muss aber stets an Elena denken, was sogar dazu führt, dass er sich vorstellt, Elena zu entführen, einen Arzt zu bitten, ihr die Spirale zu entfernen, um sie zu vergewaltigen und neun Monate einzusperren, bis sie ihm einen Sohn gebärt. Aufgrund all seiner Gedanken an Elena kommt er aber letztendlich zu dem Schluss, dass sie noch ein Kind sei, das nicht weiß, was es tue und nicht versteht, welch Leid es anderen zufüge. Zufällig fällt ihm aber Elenas Tagebuch in die Hände, aus dem er erfährt, dass sie sehr wohl versteht. Denn sie bemitleidet ihn und hasst sich selbst für ihr unbarmherziges Verhalten.

Zuletzt rekapituliert er sein Leben. Er stellt fest, dass er noch nie in einem Swimmingpool badete, dafür aber Stunden ansteht, um Welfare zu erhalten. Träumen sei nichts für ihn, er werde einfach leben und zu allem bereit sein ...

4.3 Im Werk verwendete Matismen und deren Bedeutungen

4.3.1 Zur äquivalenten Übersetzung von Matismen

Die Übersetzung von Matismen und anderen obszönen Lexemen ins Deutsche (und andere Sprachen) stellt ein Problem dar, da das Deutsche keine genauen Entsprechungen kennt.[558] Hinzu kommt, dass anstößige Lexeme im Deutschen zumeist skatologisch, im Russischen aber größtenteils (formal-)sexuell sind. Oxen

---

558 vgl. Devkin (1996), S. 115.

zitiert einen unbekannten jungen Deutschen, der meint, dass „der auf über zweihundert Seiten eines Wörterbuchs platzierte russische MAT in der englischen Übersetzung mit einem Quantum von Begriffen auskommen muß, das man nahezu an zwei Händen abzählen kann."[559] In Anbetracht der Tatsache, dass es sich beim Deutschen und Englischen um germanische Sprachen handelt, scheint es auch im Deutschen nicht anders zu sein. Um die Sprache des *мат* dennoch so gut wie möglich zu übertragen, so Devkin, sei es angebracht, eine wortwörtliche und ausgedachte Übertragung anzuwenden. Dabei könne es zwar vorkommen, dass die deutsche Übersetzung sehr vulgär und pejorativ klänge, als es für das Deutsche usuell sei, aber die so konstruierte Pidginsprache mache es möglich, den russischen *мат* einigermaßen zu verstehen.[560]

Koester-Thoma nimmt eine ähnliche Stellung ein, indem sie meint, dass bei der Übersetzung dem „Nonsens [...] Tür und Tor geöffnet"[561] seien. Allerdings ist fraglich, inwiefern dies immer möglich ist, ohne dass dabei die Bedeutung unklar wird. Eine mehr oder weniger korrekte, buchstäbliche Übersetzung von *спиздить* wäre zwar ʼwegfotzenʼ, aber ob ein jeder Leser dies noch als ʼklauenʼ versteht, ist fraglich. Die Frage von Äquivalenz und Nichtäquivalenz bleibe – wohl gerade deswegen – Koester-Thoma zufolge noch lange aktuell, und der Übersetzer müsse notwendigerweise beachten, ob die unanständigen Lexeme zur direkten Benennung von Objekten und Handlungen oder als Invektiva verwendet werden[562], d.h. er muss zwingend die Funktionen der verwendeten Matismen beachten. Tatsächliche wortwörtliche Übersetzungen seien jedoch, so Mokienko und Nikitina, insbesondere bei mehrstöckigen Mutterflüchen nicht möglich. Und manche Lexeme seien schlicht nicht übersetzbar[563], was besonders auf formalsexuelle (und auch formalskatologische) Lexeme zutrifft, da sie im Deutschen oft keine Entsprechungen besitzen. Nicht zuletzt, so führt es Žel'vis an, seien die Lexeme, die zum Schimpfen und Fluchen benutzt werden, in den Kulturen unterschiedlich, so dass buchstäbliche Übersetzungen in der Zielsprache nicht oder falsch verstanden würden.[564]

---

559 Oxen (2001), S. 617.
560 vgl. Devkin (1996), S. 115 f.
561 Koster-Thoma (1995), S. 147.
562 vgl. ebd. S. 147.
563 vgl. Mokienko u. Nikitina (2004), S. 21.
564 vgl. Žel'vis (2011), S. 297.

4.3.2 Funktionen im Allgemeinen

Die häufigste Funktion, die Matismen in Limonovs Werk erfüllen, ist die Betitelung sexueller Signifiés. Dabei stellt sich manchmal die Frage, ob er bereits die Stufe des parasitären Gebrauchs überschreitet, da innerhalb weniger Zeilen eine regelrechte Häufung auftritt, vgl. Beispielsatz 1 unter Kapitel 4.3.3.1. Das Wort *пизда* kommt hier so oft vor, dass es fraglich ist, ob dies nicht schon einen parasitären Charakter ergibt. Eine Expressivität ist allemal nicht (mehr) zu erkennen, was wohl auch kaum Limonovs Ziel für den Einsatz von Matismen in dieser Funktion ist. Er möchte vielmehr, so scheint es, den Anal- und Genitalbereich mit den ursprünglichen Worten bezeichnen, was einen Bruch mit dem seit der Christianisierung eingeführten Tabu dieser Bereiche des menschlichen Körpers darstellt. Es gibt in der russischen Sprache keine neutralen Begriffe für diese Bereiche, wohl aber Euphemismen und formal nichtobszöne Begriffe (mit anstößigem Inhalt), die stellvertretend verwendet werden können. Und letztere besitzt das Russische schließlich in großem Umfang, wie aus Kapitel 2.4.2 dieser Ausarbeitung hervorgeht. Limonov benutzt jene sogar im angeführten Satz (und auch an wenigen anderen Stellen), wenn er das weibliche Geschlechtsorgan als etwas Weiches, Saftiges bezeichnet. Es ist aber fraglich, ob solche Umschreibungen dem Leser immer verständlich wären. So favorisiert er in seinem Werk durchgehend eher Matismen, um den sexuellen (und skatologischen Bereich) zu beschreiben, sowohl die Geschlechtsorgane als auch den Geschlechtsakt. Eine solche Verwendung, wie bereits gesagt, sorgt aber dafür, dass der expressive Charakter dieser Begriffe schwindet und gar verloren geht. Das würde bedeuten, dass *хуй* wohl eher der deutschen Bedeutung ˋPenisˊ nahe käme, *пизда* eher als ˋMuschi, Mumuˊ übersetzt und *ебать* mehr als ˋmiteinander schlafenˊ begriffen werden müsste. Vielleicht, und das halte ich für nicht unwahrscheinlich, geht es Limonov gar nicht um eine expressive Darstellung, sondern einfach um eine Benennung mit ursprünglichen Begriffen. Er will nicht um den heißen Brei herumreden, sondern Sexualität darstellen, wie sie ist, d.h. als etwas „Normales" und Menschliches. Nicht zuletzt könnte es aber doch auch Expressivität sein, die er damit zum Ausdruck bringen möchte. Denn der Roman soll autobiographischen Charakter haben und Limonov umgibt sich mit Männern und spricht natürlich auch als Mann über Sexualität. Es würde dem Männerbild der damaligen (und heutigen) Zeit zuwiderlaufen, wenn ein Mann (ausschließlich oder überwiegend) zärtliche, liebe, nette Wörter für die Sexualität benutzen würde.

Die starke Verwendung von Matismen als Partikeln und Adverbien – und auch der anderen verwendeten Wortarten – geht meines Erachtens einher mit einer Emotionalität und Intensivierung des Auszudrückenden. Es macht einen deutlichen Unterschied, ob eine normsprachliche Negation verwendet wird oder eine obszöne umgangssprachliche Variante, vgl. die Beispielsätze 8, 11, 20, 21. Und gerade bei dieser Verwendung ist es mit der Normsprache gar nicht möglich, Expressivität und Emotion auszudrücken. Denn *ни пениса, по пенису, до влагалища дворцы* oder andere Wortverbindungen sind bedeutungslos und bleiben demnach unverständlich. Emotionalität und Expressivität spielen ebenso bei subjektiv-wertenden Benennungen für Dinge, Abstrakta und Personen eine Rolle. Natürlich kann Limonov von *чепуха* sprechen, aber ein solches neutrales Wort ist nicht wirklich subjektiv-emotional gebunden. Um dies zu erreichen, muss man auf einen expressiven, tabuisierten Begriff zurückgreifen, was Limonov vortrefflich in genau solchen Situationen tut, in denen seine negative Relation zu etwas ausgedrückt werden soll, vgl. die Beispielsätze 10, 22, 49. Genauso ist es auch bei Verben und anderen Wortarten. Man kann *ерунду говорить, болтать*, aber eine emotionale, subjektive (negative) Wertung erreicht man nur, indem man *пиздеть* nutzt. Genauso ist es möglich, dass *дождь сильно идет*, aber so richtig *pissen* tut es eben nur, wenn *дождь сильно хуячит*, vgl. die Beispielsätze 41, 43, 56, 58, 59.

Gerade bei invektiven Äußerungen, die als Ventil zum Abreagieren und zur Katharsis fungieren, spielt auch das Unbewusste eine Rolle, was Limonov nicht in der mündlichen Sprache belassen, sondern in seinem Roman schriftlich fixieren möchte, vgl. die Beispielsätze 3, 35, 63, 75, 81, 85.

Da der Roman sehr auf Sexualität aufbaut, könnte man an die von Rjabov geschilderte Funktion, nachlassende sexuelle Möglichkeiten mit der Verwendung von obszönen Lexemen zu kompensieren, denken. Da Limonov aber, wie bereits erwähnt, sein eigenes Leben schildert und er zu jener Zeit noch jung war, scheint diese Funktion nicht zuzutreffen.

Insgesamt scheint der reichhaltige Gebrauch von Matismen in seinem Werk als durchaus gerechtfertigt, um das echte Leben auch in der Schriftsprache zu fixieren, und Emotionen sowie subjektive Wertungen auch ohne Mimik und Gestik darzustellen. Verballhornungen spielen in Limonovs Roman keine Rolle, und bloße Wortverbindungen vermittels obszöner Füllwörter kommen auch nicht vor.

4.3.3 Bedeutungsübersetzungen ausgewählter verwendeter Matismen

Limonov verwendet in seinem Werk hauptsächlich Matismen im engeren Sinne, doch auch Matismen im weiteren Sinne und auch nichtobszöne Lexeme in obszöner Bedeutung finden – nur einige wenige – Platz. Die vorkommenden Matismen sind zumeist nicht nur formalsexuell, sondern benennen auch sexuelle Inhalte, die formalskatologischen sind, allerdings eher übertragen gebraucht. Die Lexeme *пизда* und *хуй* bezeichnen ergo sehr oft die Geschlechtsorgane, und *ебать* benennt am häufigsten die Ausübung des Geschlechtsaktes. Unter den Lexemen mit sexuellen „Morphemen" ist dabei *хуй* am stärksten sowohl im sexuellen als auch im übertragenen Sinne gebraucht, was vermutlich seiner semantischen Produktivität zu verdanken ist. Denn dieses Lexem bildet u. a. Adverbien und Partikeln, die in der Normsprache oft Verwendung finden.

4.3.3.1 Пизда *und Derivative*

Das Lexem *пизда* wird von Limonov 34 Mal verwendet, darunter 30 Mal, um das weibliche Geschlechtsorgan zu bezeichnen, drei Mal als Adverb *до пизды* ʾscheißegalʾ und einmal, um als subjektiv-wertende Personenbezeichnung zu fungieren. Zudem werden auch fünf unterschiedliche Derivative dieses Lexems gebraucht, darunter zwei subjektiv-wertende Personenbezeichnungen, ein Adjektiv mit expliziter Bedeutung und zwei Verben: *пиздостраданец* ʾLüstlingʾ einmal, *пиздюк* ʾWichser, Arschlochʾ zwei Mal, *пизданутый* ʾVerrückterʾ einmal, *спиздить* ʾklauen, mopsen, abziehenʾ drei Mal und *пиздеть* ʾlabern, tratschen, schwatzenʾ elf Mal.

1. *Взяв свой хуй, который по пьянке не очень-то мне повиновался, то стоял, то не стоял, кренился и падал, я прикоснулся им к ее* **пизде**. *Я опять отдаю ей должное —* **пизда** *у нее была хорошая, сладкая, сочная, спелая* **пизда** *— видите, сколько эпитетов. Поводив хуем по ее* **пизде**, *которая от этого прикосновения стала еще жарче и понравилась моему хую, как и мне, я воткнул его в эту мягкость, текучесть и сочность.*[565]
Nachdem ich meinen Schwanz nahm, der mir aufgrund der Alkohologie nicht sehr gehorchen wollte – mal stand er, mal stand er nicht, neigte sich und erschlaffte – berührte ich mit ihm ihre **Fotze**. Ich gebe ihr wieder das, was ihr gebührt. Ihre **Pussy** war eine gute, süße, saftige und reife **Möse**. Schaut, wie viele Adjektive! Und nachdem ich meinen Schwanz zu ihrer **Mumu** führte, die durch diese Berührung noch heißer wurde und meinem Kolben und mir gefiel, steckte ich ihn in dieses weiche, fließende, saftige Etwas.

2. *Может, он хотел компенсировать себя за неудачу с Жанеттой, выместить на чужой* **пизде** *свою злость.*[566]
Vielleicht wollte er seinen Misserfolg bei Jeanette kompensieren, seine Wut an einem fremden **Weib** auslassen.

---

565   Limonov (1992), S. 436.
566   Limonov (1992), S. 309.

3. *Трудящиеся — поэты и басбои, носильщики и электрики — не должны быть в неравном положении по сравнению с такими вот **пиздюками**.*[567]
Arbeitende, also Poeten, Hilfskellner, Gepäckträger oder Elektriker sollen nicht in so einer ungleichen Lage im Vergleich mit derer solcher **Wichser** sein.
4. *И до меня, и после, и во время были у Розанн поклонники, довольно приличные с виду мужики, и я, наверное, все-таки крепко **пизданутый** любовью, потому что некоторые из них, кого я знал поближе, действительно домогались Розанн.*[568]
Vor, danach und auch während meiner Zeit hatte Rosanne, vom Blick eines Mannes aus, ziemlich anständige Verehrer. Und ich bin wahrscheinlich nur ein heftig nach Liebe **Verrückter**, da einige von denen, die ich näher kannte, wirklich um Rosanne bemüht waren.
5. *Вдруг она заревела громко.— Еб твою мать,— говорила она,— чего я живу в этом мерзком грязном доме, где мою книжку уже **спиздили**, здесь все крадут и тащат.*[569]
Plötzlich fing sie an zu brüllen und aufzuheulen. „Verfickte Scheiße", rief sie, „in was für einem ekligen und dreckigen Loch wohne ich nur, wo man mir mein Buch **klaut**! Hier werden die mir noch alles stehlen und stibitzen."
6. *Я был нужен ему для того, чтобы он не сидел в баре один и выглядел бы в глазах юных или не юных художниц не одиноким ебарем и **пиздострадателем**, а солидным человеком, пришедшим с другом.*[570]
Er brauchte mich nur, um nicht alleine in der Bar zu sitzen und in den Augen der jungen oder weniger jungen Künstlerinnen nicht wie ein verlassener Penner und **Lüstling** auszusehen, sondern wie ein echter Kerl, der mit einem Freund gekommen ist.
7. *В СССР тоже все **пиздели** о тунеядцах, о том что нужно приносить пользу обществу. В России **пиздели** те, кто меньше всех работал.*[571]
In der UdSSR hatten auch alle über die Schmarotzer **Stuss erzählt**, darüber, dass man der Gesellschaft einen Nutzen bringen muss. Und in Russland **redeten** diejenigen **Blödsinn**, die am wenigsten arbeiteten.
8. *Литература им - **до пизды дверцы**.*[572]
Literatur ist ihnen **scheißegal**.

---

567 Limonov (1992), S. 510.
568 Limonov (1992), S. 438.
569 Limonov (1992), S. 527.
570 Limonov (1992), S. 395.
571 Limonov (1992), S. 262.
572 Limonov (1992), S. 503.

4.3.3.2 Хуй *und Derivative*

Das Lexem *хуй* inklusive seiner Derivative kommt in Limonovs Roman sehr häufig vor und erweist sich als besonders semantisch produktiv. Allein der Nominativ bzw. Akkusativ des Primärlexems tritt 143 Mal auf, darunter 77 Mal alleinstehend, 15 Mal als Wortverbindung *на хуй (не) нужен*, 26 Mal in Kombination mit der Präposition *на* (на хуй), drei Mal mit der Partikel *не* (не хуй), zwei Mal mit dem Postfix *–то* (хуй-то), einmal mit der Präposition *по* (по хуй), sieben Mal als Wortverbindung nach dem Modell *хуй что-л./кого-л. знает* und ebenfalls sieben Mal als Wortverbindung nach dem Modell *хуй с кем-л.* Die Bedeutungen sind jedoch vollkommen unterschiedlich. So benennt das Primärlexem zwar in 65 Fällen auch wirklich das männliche Geschlechtsorgan, aber es muss in vier Fällen auch mit `keinesfalls´, in weiteren zwei Fällen als Indefinitpronomen `irgendjemand, irgendwer´, in acht Fällen – darunter im Modell *хуй что-л./кого-л. знает* – mit dem Negativpronomen `niemand, keiner, kein Schwein´, einmal als subjektiv-wertende Benennung `Scheiß, Blödsinn´, einmal als Negativpronomen `nichts´ und einmal auch als Invektive übersetzt werden. Mit der Präposition *на* verbundene Formen müssen neun Mal mit `wozu´, vier Mal mit `zur Hölle, zum Teufel´, einmal mit `egal´ und zwei Mal wortwörtlich mit `auf den Schwanz´ übersetzt sowie zehn Mal als weit entfernter Ort, an den man jemanden fluchend schicken will, verstanden werden. In Verbindung mit der Partikel *не* verwendete Formen können in vier Fällen mit `nichts´ und in einem Fall in etwa mit `keinesfalls´ übersetzt werden. Die Wortverbindungen sowie die mit Postfix gebildete Form besitzen immer die gleiche Bedeutung, d.h. *хуй-то* `verflixt nochmal, verfickte Scheiße´, das Modell *хуй что-л./кого-л. знает* in etwa `Weiß der Geier!´, das Modell *на хуй (не) нужен* `absolut unbrauchbar, unnütz´ und das Modell *хуй с кем-л.* `scheiß drauf, na klar´ als Ausdruck des Zugeständnisses, des Einverständnisses oder der Gleichgültigkeit.

Der Genitiv *хуя* kommt im gesamten Text 67 Mal vor, darunter jedoch nur elf Mal mit der direkten Bedeutung `Schwanz´, und in sechs Fällen kann es mit `Scheiße!´ übersetzt werden. In allen übrigen Fällen fungiert das Lexem zusammen mit Partikeln und Präpositionen als Adverb oder Partikel: 37 Mal *ни хуя* `(überhaupt) nicht(s)´, sechs Mal *на хуя* `wozu´, zwei Mal *до хуя* `sehr viel, urst viel´, zwei Mal *какого хуя* `wozu´, zweimal Mal *не хуя* `nichts´, einmal *не хуя* `nicht´ und zwei Mal *ни хуя себе* `krass, wow, unglaublich´.

Die weiteren vorkommenden Formen dieser Art sind überschaubar. Der Dativ *хую* wird drei Mal verwendet, der Nominativ *хуи* sieben Mal, der Präpositiv *хуе* zwei Mal und der Genitiv *хуев* einmal. Alle diese Formen sind in ihrer primären

Bedeutung gebraucht. Übertragen verwendet wird jedoch einmal *по хую*, was `mir Rille, (scheiß-)egal´ bedeutet.

Zudem kommen allerdings weitere übertragen verwendete Formen hinzu, sowohl Substantive als auch Verben und Adjektive. So gebraucht Limonov an vier Stellen *хуйня* `(verfickte) scheiße, scheißegal´, an einer *хуе-мое* `dummes Zeug, Stuss´ und weitere vier Male *охуение*, welches sehr unterschiedlich übersetzt werden kann.

An Verben verwendet er vier Mal *хуйнуть*, drei Mal *хуячить* und einmal *охуевать*. *Хуйнуть* besitzt dabei einmal die Bedeutung `publizieren´ und drei Mal `emigrieren, wegziehen´. *Хуячить* hat in allen drei Verwendungen eine andere Bedeutung, wenngleich alle Konnotationen auf eine Bewegung abzielen: Einmal bedeutet es `spazieren´, einmal `zurückkehren´ und einmal in Verbindung mit *дождь* `regnen´. *Охуевать* besitzt in der einmaligen Verwendung die Bedeutung `ermüden, überdrüssig sein´, kann aber auch andere Bedeutungen besitzen wie z.B. `verrückt sein, baff sein, benommen sein´. Des Weiteren verwendet er vom letztgenannten Verb sieben Mal das aktive Präteritalpartizip (охуевший) und je einmal das Adverbialpartizip der Vergangenheit (охуев) sowie das der Gegenwart (охуевая).

Adjektive kommen im Text nur zwei verschiedene vor: einmal benutzt Limonov *охуительная* mit der Bedeutung `wunderschön, entzückend´ und sieben Mal das wertende Adjektiv *хуевый* mit der Bedeutung `beschissen, scheiße, blöd, doof´, wobei vom letztgenannten Adjektiv auch noch drei Mal die Kurzform gebraucht wird. Das Adverb *хуево* mit derselben Bedeutung wird acht Mal benutzt und von ihm werden zwei Mal superlativische Formen gebildet: einmal *хуевей всех* und einmal *хуевейше*.

9. *А то, что всякие мерзавцы суют в ее маленькую пипочку свои* **хуи**, *ну что же, ведь она этого хочет, это больно мне, но она ведь получает удовольствие.*[573]
Aber dass alle möglichen Schufte ihre **Schwänze** *in ihr kleines Möschen stecken, nun ja, was sie ja auch will, das macht mich krank – aber sie empfindet dabei echt Freude.*

10. *–* **Хуй** *он говорит, что тут был хороший воздух, воздух тут, ну его* **на хуй**, *лучше не пробовать, вот качки на подлодке нет, не ощущается, это действительно, а воздух говно, – комментировал Джон рассказы старого подводника.*[574]

---

573 Limonov (1992), S. 507.
574 Limonov (1992), S. 478.

„*Eine Scheiße* sagt er, dass hier gute Luft war – die Luft hier, na ja, **scheiß drauf**, man probiert sie lieber nicht. Gut, schaukeln kann es in einem U-Boot nicht, also man merkt es nicht, aber echt, die Luft war einfach scheiße", kommentierte John die Erzählungen eines alten U-Boot-Matrosen.

11. Андрей был с длиннющими волосами, в джинсах, с бородой, **хуй** скажешь, что он приехал из СССР, обо мне это тоже **хуй** скажешь.[575]
    Andrej hatte lange Haare, einen Bart und trug eine Jeans. **Kein Schwein** würde sagen, dass er aus der UdSSR käme, und über mich sagt das auch **keine Sau**.

12. **Хуй-то**, если бы так.[576]
    Scheiße, wenn es so wäre.

13. – Бродяга он, не бродяга, хуй его знает, – сказал Алешка, – темный человек.[577]
    „Landstreicher, kein Landstreicher, **weiß der Geier!**", sagte Alëška. „In jedem Fall ist er ein Neger."

14. – Мерзкий жлоб! – говорил я ему, отталкивая его, – мерзкий жлоб, отстань от меня, пошел **на хуй**, отстань, я пойду домой, жмот, жлоб американский!"[578]
    „Widerlicher Fettwanst!", entgegnete ich ihm, während ich ihn von mir wegstieß, „Du widerlicher Fettwanst, komm hau ab von mir, verpiss dich **verfickte Scheiße nochmal**, hau ab! Ich geh' nach Hause du Geizhals, amerikanischer Fettwanst!"

15. Чего ей меня слушать, на хуй ей мои проблемы.[579]
    Was soll sie mir auch zuhören, **wozu** braucht sie meine Probleme.

16. **Хуй** ты ему объяснишь, что при машине и Монреале здесь можно в страшном говне находиться, это невозможно объяснить, – говорит Наум. – Ебаная эмиграция![580]
    Keinesfalls ist es ihm erklärbar, dass man ein Auto haben, nach Montreal fahren, und trotzdem in der Scheiße sitzen kann, das kann man ihm unmöglich erklären", sagte Naum. „Verfickte Emigration!"

17. **На хуй** мне такая жизнь, – думал я раздраженно, – денег у меня все равно нет, даже для того, чтобы снять нормальную квартиру, устаю я жутко, иной раз ложусь спать в 8 часов вечера, знакомств не завел

---

575 Limonov (1992), S. 411.
576 Limonov (1992), S. 287.
577 Limonov (1992), S. 413.
578 Limonov (1992), S. 422.
579 Limonov (1992), S. 520.
580 Limonov (1992), S. 273.

в ресторане, язык почти не подвинулся, каков же смысл моей работы здесь?⁵⁸¹

„**Zur Hölle** mit diesem Leben!", dachte ich verärgert. „Ich habe absolut kein Geld, nicht mal mehr, um eine normale Wohnung zu mieten. Ich bin schrecklich müde, lege mich manchmal schon acht Uhr abends ins Bett, Bekanntschaften habe ich im Restaurant keine gemacht, die Sprachfertigkeiten haben sich auch nicht entwickelt ... Welchen Sinn hat also meine Arbeit?"

18. Единственно подумал, что, может быть, нестоящий **хуй** его отпугнет.⁵⁸²
    Ich dachte nur darüber nach, ob ihn ein schlaffer **Schwanz** nicht vielleicht abschreckt.

19. Разрушить ее **на хуй**, вредную, опасную, все эти рассказики о добрых миллионерах, о прекрасной полиции, защищающей граждан от зверских преступников, о великодушных политических деятелях – любителях цветов и детей.⁵⁸³
    Sie, diese schädliche, gefährliche [Feudalkultur] muss **zur Hölle nochmal** zerstört werden, all diese Geschichten über die guten Millionäre, über die wunderbare Polizei, die die Bürger vor grausamen Verbrechern beschützt, über die großherzigen Politiker, die Kinder und Blumen lieben.

20. – **Один хуй**, – сказал Алешка, – денег никогда нет.⁵⁸⁴
    „**Scheißegal**", sagte Aleška, „Geld haben wir eh nie."

21. Здесь можно год стоять, **хуй** кто заметит.⁵⁸⁵
    Hier kann man ein ganzes Jahr stehen, und **keine Sau** merkt etwas.

22. Когда я прыгаю к нему в кабину, он изрекает только короткое «Хай!», и потом можно обращаться к нему, он **хуй** чего ответит, уж будьте уверены. Я привык к нему и тоже молчу.⁵⁸⁶
    Wenn ich zu ihm in die Kabine springe, äußert er nur ein kurzes „Hi", danach kann man ihn ansprechen, aber er antwortet **nichts**, seien sie gewiss. Ich habe mich daran gewöhnt und schweige auch.

23. Через десять минут, получив все деньги, – попробовал бы он не заплатить Джону, тот **хуй** бы отдал ему телевижен и лампу, которые лежали

---

581 Limonov (1992), S. 297.
582 Limonov (1992), S. 318.
583 Limonov (1992), S. 407.
584 Limonov (1992), S. 411.
585 Limonov (1992), S. 454.
586 Limonov (1992), S. 467 f.

отдельно в траке в ящике с одеялами, – мы ехали в машине в Даун-таун и пытались обогнать какого-то мудака тоже на траке, как и мы...[587]
Nachdem wir nach 10 Minuten das Geld erhielten, fuhren wir im Auto nach Downtown und versuchten, irgendeinen Idioten zu überholen, der, wie wir, auch mit einem Truck fuhr. Und hätte der versucht, Johnny nicht zu bezahlen, dann hätte dieser **Flachwichser** ihm Fernseher und Lampe geben müssen, die extra im Truck in einer Kiste mit Decken lagen.

24. А почему? А потому. **Не хуй** рассуждать...[588]
Und warum? Deshalb. Es gibt **nichts** zu bereden...

25. Я тоже считаю, что им, то есть нам, следует дать все гражданские права, и **не хуй** с этим тянуть.[589]
Ich meine auch, dass sie, d.h. wir, all unsere bürgerlichen Rechte geben müssen, **scheiß darauf** damit abzuwarten.

26. **Хуй с тобой** – помогу.[590]
Na klar, ich helfe.

27. Я ушел спокойно, я же говорю, что терять мне было **не хуя**, я же говорю, я смерти даже искал, что мне потасовок бояться.
Ich ging ruhig fort und sage mir, dass ich **nichts** zu verlieren habe, dass ich sogar den Tod suchte, und dass ich Angst vor den Prügeleien habe.

28. Сломаться я и в СССР мог, **не хуя** сюда было ехать.[591]
Zu Bruch gehen konnte ich auch in der UdSSR, dazu brauchte ich **nicht** hierher kommen.

29. Вообще прекрати пиздеть — **ни хуя** не понимаешь, говоришь как обыватель.[592]
Boah, hör auf zu labern! Ich raff **überhaupt nichts**, du redest wie 'nen Kleinbürgerlicher.

30. Эдичка написал и напечатал в задрипанной эмигрантской газетке **до хуя** статей.[593]
Ėdička schrieb und druckte in der schäbigen Emigrantenzeitung **verflucht viele** Artikel.

---

587 Limonov (1992), S. 474.
588 Limonov (1992), S. 457.
589 Limonov (1992), S. 343.
590 Limonov (1992), S. 319.
591 Limonov (1992), S. 405.
592 Limonov (1992), S. 374.
593 Limonov (1992), S. 346.

31. На представителя конгресса пульпы и пейпера он вроде не похож, а, с другой стороны, **какого хуя** так рано поднялся.[594]
Einem Vertreter des Boulevardkongresses war er wirklich nicht ähnlich, aber, andererseits, **wozu** sollte man so früh aufstehen?

32. В упоении я вылизал всю сперму с его **хуя** и яиц, то, что пролилось, я подобрал, подлизал и поглотил.[595]
Im Rausch leckte ich das ganze Sperma von seinem **Schwanz** und seinen Eiern, und das, was heruntertropfte, hob und leckte ich auf, und schluckte es dann hinter.

33. Мы-то считали, что в СССР рай для посредственностей, а здесь иначе, если ты талантлив. **Хуя!**[596]
Wir meinten, dass die UdSSR das Paradies für Durchschnittsmenschen sei, und dass es hier anders ist, wenn talentiert bist. **Tja, scheiße, nichts da.**

34. Он настоящий русак, хотя как-то сказал, что ему **по хую** его национальность.[597]
Er ist ein echter Russe, obwohl er irgendwie mal sagte, dass ihm seine Nationalität **scheißegal** sei.

35. Машина что, я за нее полторы сотни заплатил. **Хуйня.**[598]
Was ist das für 'ne Karre, ich habe dafür 150 hingeblättert. **Na ja, scheißegal.**

36. Попы понасадили розочек, **хуе-мое** всякое развели, спокойную жизнь для всех тех, кто знает свое место и не бунтует.[599]
Die Geistlichen haben überall Röschen gepflanzt und **Blödsinn** gesät – ein ruhiges Leben nur denen, die ihren Platz in der Welt kennen und nicht rebellieren.

37. Соня говорила в тот вечер всякую **хуйню** — провинциальные глупости — я пропускал это мимо ушей, у меня было хорошее настроение, его, крепкое и прочное хорошее настроение, уже ничто не могло испортить.[600]
Sonja redete an diesem Abend verschieden **dummes Zeug** - provinziellen Stuss -, aber ich ließ dies meine Ohren durchqueren, denn ich war bei guter Laune, ja, sie war sogar so stark und strapazierfähig, dass nichts sie hätte verderben können.

---

[594] Limonov (1992), S. 289.
[595] Limonov (1992), S. 336.
[596] Limonov (1992), S. 407.
[597] Limonov (1992), S. 468.
[598] Limonov (1992), S. 273.
[599] Limonov (1992), S. 453 f.
[600] Limonov (1992), S. 365.

38. *Делал он свое дело очень умело, постепенно довел меня до состояния* **охуения**, *хотя это и заняло у него очень много времени.*[601]
Er machte seine Sache sehr geschickt, und brachte mich ständig in einen Zustand der **Trance und absoluten Erregung**, *obwohl ihn das eine Menge Zeit kostete.*
39. *На улице было пусто, я* **хуячил** *по своей 55-й стрит на Вест, поеживаясь от холода.*[602]
Die Straße war leer, und ich **spazierte**, *mich ab und an vor Kälte zusammenkauernd, die 55. Straße entlang nach West.*
40. *И когда я покинул Хилтон, когда я в последний день* **хуячил** *с работы, я смеялся, как глупый ребенок, ведь я свалил со своих плеч очередную тяжесть, очередной этап.*[603]
Und als ich das Hilton verließ, als ich zum letzten Mal von meiner Arbeit **zurückkam**, *lächelte ich wie ein dummes Kind. Ich schmiss von meinen Schultern wirklich eine ordentliche Last, eine erneute Lebensstation.*
41. **Хуячил** *сильный дождь, а мне было весело.*[604]
Es **pisste** *heftig, aber ich war fröhlich.*
42. *Особенно стало Пахану не по себе, когда 29 февраля московская «Неделя» – воскресное приложение к «Известиям» – правительственная газета в СССР, в юбилейном номере, посвященном 25-ому съезду партии, на целую страницу* **хуйнула** *статью «Это горькое слово «Разочарование» – о моей статье и обо мне отчасти.*[605]
Besonders flau zumute wurde „Pachan"[606], *als am 29. Februar die sowjetische Moskauer Regierungszeitung „Nedelja" – eine Sonntagsbeilage der „Izvestija" – in ihrer Jubiläumsausgabe, die zum 25. Parteitag erschien, auf einer ganzen Seite den Artikel „Das bittere Wort `Enttäuschung´"* **publizierte**, *in dem es um meinen Artikel und zum Teil auch um mich ging.*
43. *Ну мы и* **хуйнули** *все в Западный мир, как только представилась возможность.* **Хуйнули** *сюда, а увидев, что за жизнь тут, многие* **хуйнули** *бы обратно, если не все, да нельзя.*[607]

---

601 Limonov (1992), S. 424.
602 Limonov (1992), S. 295.
603 Limonov (1992), S. 300.
604 Limonov (1992), S. 507.
605 Limonov (1992), S. 346.
606 Mit *Пахан* bezeichnet Limonov hier Moisej Jakovlevič Borodatych, einen Redakteur und auch Inhaber der Emigrations-Zeitung *Русское дело*.
607 Limonov (1992), S. 406.

*Tja, wir **emigrierten** alle in die westliche Welt, sobald sich auch nur die Möglichkeit bot. Wir **emigrierten**, und nachdem wir sahen, was dies hier für ein Leben ist, wären viele zurück**emigriert**, wenn auch nicht alle, aber man durfte nicht.*

44. После нескольких хороших порций виски у меня совсем отпала охота что-либо кроить или шить. Но **охуевая**, обливаясь потом, я все же занялся этим.[608]
*Nach einigen guten Gläsern Whiskey fiel die Lust, etwas zu schneidern oder zu nähen, von mir ab. Aber **benebelt, sich überwindend** und schwitzend tat ich es doch.*

45. Я уже говорил, что я ненавидел не конкретных носителей зла – богачей, я даже допускал, что среди них могут быть жертвы мироустройства, но ненавидел порядок, при котором один **охуевает** от скуки и безделья, или от ежедневного производства новых сотен тысяч, а другой тяжелым трудом едва зарабатывает на хлеб.[609]
*Ich habe schon gesagt, dass ich nicht die Bösewichte und Reichen hasse, ich nahm sogar an, dass unter ihnen Opfer der Weltordnung sein können. Aber ich hasse die Ordnung, unter der der eine der Langeweile und des Nichtstuns oder vom tagtäglichen „Herstellen" neuer hunderttausender Dollar **überdrüssig wird**, währenddessen sich ein anderer durch Schwerstarbeit kaum sein Brot verdient.*

46. Я не думаю, чтобы он врал. У него были свои дела, но я, **охуевший** от одиночества, ему подходил.[610]
*Ich denke nicht, dass er lügen würde. Er hatte seine Dinge zu tun, aber ich, der von seiner Einsamkeit schon **berauscht war**, passte ihm.*

47. Потом мне сказал трезвый Сева-фотограф, что китаянка была **охуительная**, что я не ошибся, и что он — Сева, будучи с женой, все-таки рассчитывал к ней подколоться, но когда он собирался сделать это, он увидел, что я уже лежу, заметьте, лежу с ней, целую ее, обнимаю и что-то говорю, едва ли не делаю с ней любовь при всех.[611]
*Dann sagte mir der nüchterne Fotograf Seva, dass die Chinesin **entzückend** gewesen sei, ich mich nicht geirrt hätte, und dass er, der bereits verheiratet war, sich trotzdem ausrechnete, mit ihr etwas zu haben. Aber als er dies zu tun beabsichtigte, sah er – passt auf! – sah er, dass ich schon mit ihr da liege, sie küsse, umarme und irgendetwas sage, und fast vor allen mit ihr Liebe mache.*

---

608 Limonov (1992), S. 524 f.
609 Limonov (1992), S. 297.
610 Limonov (1992), S. 338.
611 Limonov (1992), S. 440.

48. *Когда сам находишься в **хуевом** состоянии, то не очень хочется иметь несчастных друзей и знакомых.*[612]
   *Wenn man selbst in so einem **beschissenen** Zustand ist, dann will man solche unglücklichen Freunde und Bekannten auch nicht wirklich.*
49. *Я все умею, это очень **хуево**.*[613]
   *Ich kann alles, das ist echt **scheiße**.*

4.3.3.3 Ебать und Derivative

Das Wort *ебать* kommt sehr häufig vor, sowohl unpräfigiert als auch mit Affixen. Dabei wird es zumeist in direkter Bedeutung verwendet, allerdings kommt es auch zum übertragen Gebrauch.

Das primäre Lexem inkl. seiner konjugierten Formen kommt im Werk 70 Mal vor, darunter 14 Mal als Infinitiv, zwei Mal in der 1. Person Singular (ебу), einmal in der 2. Person Singular (ебешь), zehn Mal in der 3. Person Singular (ебет), sechs Mal in der 3. Person Plural (ебут), 23 Mal in der männlichen Präteritalform (ебал) und einmal in der pluralen Indikativform (ебите). Als reflexive und unpräfigierte Form mit dem Postfix -ся wird es 49 mal verwendet, darunter 23 Mal als Infinitiv, zwei Mal in der 1. Person Singular (ебусь), einmal in der 2. Person Singular (ебешься), vier Mal in der 3. Person Singular (ебется), einmal in der 3. Person Plural (ебутся), drei Mal in der männlichen Präteritalform (ебался), neun Mal in der weiblichen Präteritalform (ебалась) und sechs Mal in der pluralen Präteritalform (ебались).

Im Zuge einer Perfektivierung wird das Primärlexem zum einen mit dem Präfix *вы-* gebraucht und zum anderen mit dem Präfix *по-*. Die letztgenannte Form tritt auch als reflexives Verb mit dem Postfix *–ся* auf. Dabei wird der Infinitiv *выебать* 14 Mal benutzt, die 1. Person Singular (выебу) drei Mal, die 1. Person Plural (выебем) einmal, die 3. Person Plural (выебут) einmal, die männliche Präteritalform (выебал) 14 Mal, die weibliche Präteritalform (выебала) drei Mal und die plurale Präteritalform (выебали) einmal. Die mit *по-* perfektivierte nicht reflexive Form wird nur zwei Mal in der männlichen Präteritalform (поебал) verwendet, die reflexive Form indes vier Mal im Infinitiv (поебаться) und einmal in der pluralen Präteritalform (поебались).

Zudem kommt es auch zur Verwendung archaischer Formen, da Limonov das unpräfigierte Verb *ебти* in der weiblichen Präteritalform (ебла) vier Mal sowie in der pluralen Präteritalform (ебли) einmal gebraucht. Eine mit dem Präfix *вы-* per-

---

612 Limonov (1992), S. 266.
613 Limonov (1992), S. 522.

fektivierte Form kommt im Text zwei Mal in der pluralen Präteritalform (выебли) vor. Da allerdings von mir im Internet gefundene Textdateien an unterschiedlichen Stellen diese archaischen Formen aufwiesen, könnte es auch sein, dass es sich hierbei um einen Druckfehler handelt, und lediglich das Graphem „а" fehlt.

Das Primärlexem *ебать* wird wenige Mal auch mit anderen Präfixen gebraucht. Einmal mit dem Präfix *у-* in der imperfektiven männlichen Präteritalform (уебывал), einmal mit dem Präfix *на-* in der imperfektiven pluralen Präteritalform (наебывали), zwei Mal in der perfektiven reflexiven Form mit dem Präfix *при-* (приебался), einmal in der imperfektiven 3. Person Plural mit dem Präfix *до-* (доебывают) und drei Mal in der pluralen Indikativform mit dem Präfix *от-* (отъебись). Außerdem wird das Verb *повыебываться* drei Mal im Infinitiv, zwei Mal in der 1. Person Singular (выебываюсь) und einmal in der männlichen Präteritalform (выебывался) verwendet. Hier ist zu beachten, dass das Affix *-вы-* keine Perfektivierung kennzeichnet, sondern aufgrund von Analogiebildung erhalten bleibt. Der perfektive Aspekt wird vermittels des Präfixes *по-* gebildet.

Des Weiteren verwendet Limonov sechs aktive Präsenspartizipien, von denen vier vom reflexiven Verb *ебаться* und zwei vom nicht reflexiven Verb *ебать* gebildet sind.

Die bisher aufgeführten Verben werden vorzugsweise in ihrer direkten, primären Bedeutung verwendet. Lediglich neun Mal wird das Verb *ебать* übertragen verwendet, darunter drei Mal in der 3. Person Singular, einmal in der 3. Person Plural und fünf Mal in der männlichen Präteritalform. Die reflexive Form *ебаться* und die *mit по-* präfigierten Formen werden ausschließlich in ihrer direkten Bedeutung genutzt. Vom Verb *выебать* wurde einmal der Infinitiv sowie die einmal vorkommende plurale Präteritalform übertragen gebraucht. Von den wohlmöglich archaischen Formen ist die präfigierte plurale Präteritalform einmal übertragen verwendet worden. Alle anderen mit unterschiedlichen Affixen gebildeten Formen sind durchweg nur formalsexuell. Die benutzen Partizipien drücken in zwei Fällen einen übertragenen Sachverhalt aus, in den restlichen besitzen sie die Bedeutung des Primärlexems.

Die Wendung *еб твою мать* kommt zehn Mal im Text vor, allerdings auch zwei Mal mit dem Possessivpronomen der 2. Person Plural (ваш) und einmal mit dem männlichen Possessivpronomen der 3. Person Singular (его). Sie wird ausschließlich als Interjektion genutzt.

Deverbal gebildete Substantive und Adjektive kommen nicht häufig vor, sind aber anzufinden. Fünf Mal verwendet Limonov das Substantiv *ебля* im Genitiv, um den Geschlechtsakt zu benennen, einmal nutzt er *выебон* und vier Mal *ебарь* als subjektiv-wertende Benennung sowie einmal das Substantiv *наебывание*, um einen kognitiven Fakt auszudrücken.

Adjektivische Derivative nutzt Limonov nur zwei verschiedene zur Ausdrucksverstärkung: zum einen einmal *ебнутая* und zum anderen 15 Mal *ебаный*.

50. *Я **поебал** ее, она кончила, а я даже не возбудился по-настоящему.*[614]
    *Ich **ficke** sie und sie kam, obwohl ich sogar nicht wirklich erregt war.*
51. *Ну, когда я ее **ебал** своим языком, я об этом обо всем хотя и не думал, но, конечно, я вел себя как положено, я углубился в это занятие, углубился в ее пизду, рот мой и нос и пол-лица покрывала клейкая слизь, этот их состав, то, что у них выделяется для смазки, чтобы входили наши хуи, так сделала природа.*[615]
    *Als ich sie mit meiner Zunge **leckte** (fickte), dachte ich darüber und überhaupt über nichts nach, aber ich machte es, wie es sein sollte; ich vertiefte mich in diese Beschäftigung und drang tiefer in ihre Möse vor, so dass mein Mund und Nase, ja das halbe Gesicht von klebrigem Schleim bedeckt wurde. Doch die Bestandteile, also das, was sie zum Schmieren absondert, dient dazu, dass unsere Schwänze hinein können – so hat es die Natur gemacht.*
52. *– Алеш, я хочу его **выебать**, – сказал я Алексею.*[616]
    *„Aleš, ich möchte ihn **ficken**", sagte ich Aleksej.*
53. *Впрочем, моя прошлая жизнь уже не **ебет** меня, я ее так прочно стараюсь забыть, что, думаю, в конце концов забуду.*[617]
    *Nichtsdestotrotz, mein letztes Leben **fickt** mich nicht mehr, ich bemühe mich einfach stark, es zu vergessen, dass ich es, so denke ich, letztendlich vergessen werde.*
54. *«А что бы ты сказал, если бы…» — дальше следовало предположение, хихикающее предположение о ебущем ее мальчике, которого я в свою очередь **ебу** в попку и всякие другие головоломные акробатические трюки.*[618]
    „Und was würdest du sagen, wenn …", darauf folgte eine Vermutung, gar eine kichernde Vermutung über einen Jungen, der sie fickt, und, den ich meinerseits auch in den Arsch ficke, sowie über andere kopfzerbrechende akrobatische Tricks.

---

614 Limonov (1992), S. 436.
615 Limonov (1992), S. 437 f.
616 Limonov (1992), S. 414.
617 Limonov (1992), S. 292.
618 Limonov (1992), S. 410.

55. *Где-то тут должны были быть следы от веревок, которыми она привязывала мутноглазого владельца, била его, а потом **выебала** резиновым хуем в анальное отверстие.*[619]
    *Irgendwo hier sollten Spuren von Seilen gewesen sein, mit denen sie den trübäugigen Hausherren festgebunden hatte. Dann schlug sie ihn und **fickte** ihn anschließend mit einem Dildo in den Arsch.*
56. *Меня уже ограбили, **выебали** и едва не убили, только я еще не знал, как отомстить.*[620]
    *Sie haben mich schon ausgeraubt, **verprügelt** und beinahe totgeschlagen; ich weiß nur noch nicht, wie ich mich rächen werde.*
57. *Мне противно и стыдно, что я был так глуп, что я любил, верил, а меня **выебли**, вымазали в чужой сперме, скрутили резинкой от трусов, измазали мое стройное и нежное тело пошлостью.*[621]
    *Es ekelt und beschämt mich, dass ich so blöd war, dass ich liebte und glaubte, aber ich wurde **gefickt**, mit fremdem Sperma beschmiert, mit einem Unterhosengummi zusammengebunden, ja, sie haben meinen schlanken und zärtlichen Körper mit Dreck beschmiert.*
58. *В 5.30 я просыпался от точно таких же кошмаров, и стряхивая их с себя, включал свет, ставил себе кофе, брился [...], повязывал траурный черный платок на шею и **уебывал** в Хилтон.*[622]
    *Um 5:30 Uhr bin ich aufgrund dieser Albträume aufgewacht, und während ich sie von mir warf, machte ich das Licht an, setzte mir einen Kaffee auf, rasierte mich [...], band mir mein schwarzes Trauertuch um den Hals und **haute** ins Hilton **ab**.*
59. ***Приебался** он ко мне крепко.*[623]
    *Er **stauchte** mich heftig **zusammen**.*
60. *Все это Кирилл высказывал, стоя надо мной, лежащим на кровати лицом к стене. Удовольствие, когда вас в восемь часов утра **доебывают**, у вас и без этого мир как грязная яма для нечистот, а тут еще вас обличают.*[624]
    All das sagte mir Kirill, während er vor mir stand und ich auf dem Bett mit dem Gesicht zur Wand lag. Welch Freude, wenn man euch um acht Uhr morgens

---

619 Limonov (1992), S. 378.
620 Limonov (1992), S. 297.
621 Limonov (1992), S. 380.
622 Limonov (1992), S. 295.
623 Limonov (1992), S. 395.
624 Limonov (1992), S. 523.

stört – eure Welt ist wie ein dreckiger Abflussgraben, und dann werdet ihr auch noch entlarvt.
61. – Фак офф! – сказал он, что значит **отъебись**.⁶²⁵
„Fuck off!", sagte er, was „**Verpiss Dich!**" bedeutet.
62. Действие **наебывания** продолжалось.⁶²⁶
Das **Verarschen** geht weiter.
63. В общем, он был по всему, что называется в России, — **ебарь**.⁶²⁷
Eigentlich war er für alle das, was man in Russland einen „**Nympho-Ficker**" nennt.
64. **Ебаная** жизнь, которая делает нас зверями.⁶²⁸
Verficktes Leben, was uns zu wilden Kreaturen macht.
65. Когда Поль вернулся из магазина с ящиком пива, он обнаружил свою невесту, **ебущуюся** в одной из комнат с его лучшим другом...⁶²⁹
Nachdem Paul aus dem Laden mit einem Bierkasten zurückkam, entdeckte er seine Braut, die in einem der Zimmer mit seinem besten Freund *fickte*...
66. Я **ебал** эти удовольствия.⁶³⁰
Ich **scheiß** auf diese Vergnügen, zur Hölle damit!
67. «Ребенок, **ебущийся** ребенок, резиновая девочка», — подумал я, глядя на нее.⁶³¹
„Was für ein Kind, ein (herum-)fickendes Kind, Gummipuppe", dachte ich, als ich sie anblickte.

4.3.3.4 Блядь und Derivative

Das Lexem *блядь* kommt im Text 14 Mal vor, darunter sieben Mal in seiner direkten Bedeutung als Personenbezeichnung, zwei Mal als Invektive und fünf Mal als Interjektion. Als Füllwort fungiert auch vier Mal die apokope Form *бля*. Zudem verwendet Limonov vier Mal attributiv die derivative Form *блядский*, zwei Mal in direkter Bedeutung und zwei Mal ausdrucksverstärkend.

68. Я любил ее — бледное, тощее, малогрудое создание в **блядских** трусиках-лоскутке, уже надевшее мои носки, чтобы спать.⁶³²

---

625 Limonov (1992), S. 333.
626 Limonov (1992), S. 327.
627 Limonov (1992), S. 379.
628 Limonov (1992), S. 337.
629 Limonov (1992), S. 467.
630 Limonov (1992), S. 417.
631 Limonov (1992), S. 515.
632 Limonov (1992), S. 294 f.

Ich liebte es, dieses blasse, magere, kleinbusige Geschöpf in seinem **nuttigen** und lumpigen Slip, das schon meine Socken anzog, um zu schlafen.

69. Каунтри-мэны всегда имели слабость к француженкам, выписывали их в свои Клондайки, но держали их за **блядей**, а женились на фермерских дочках.[633]

    Die Provinzherren hatten immer eine Schwäche für Franzosenweiber und luden sie in ihre Spieltempel ein. Da sie sie aber für **Bordsteinschwalben** hielten, heirateten sie Farmerstöchter.

70. **Блядь** возвращалась с ночных похождений.[634]

    Eine Bordsteinschwalbe kam von ihren nächtlichen Abenteuern zurück.

71. Увы, все это довольно беспомощно. В сущности, фотографии все **блядские** и нехорошие.[635]

    Puh, das ist ziemlich hilflos. Im Grunde genommen sind die ganzen Fotos **nuttig** und unschön.

72. Один раз он даже бросил меня, и меня пытался за что-то поколотить огромный толстый черный мужик из **блядского заведения** на углу восьмой авеню и, кажется, 43-й улицы.[636]

    Einmal ließ er mich alleine stehen und mich versuchte an der Ecke der 8. Avenue und der 43. Straße ein gewaltiger, fetter schwarzer Kerl aus dem Freudenhaus zu verprügeln.

73. Встретила она меня необычайно прекрасной — в белом вздутом летнем платье до полу, красный шнур через лоб и шею — красивая, **блядь**, хоть возьми и убей.[637]

    Es traf auf mich etwas ungewöhnlich Schönes in einem weißen, geschwollenen und bodenlangen Sommerkleid, mit einem roten Band um Stirn und Hals. **Verfickte Scheiße**, welch Schönheit! Man müsste sie wegklatschen.

74. Он кричал: — Я набью этой проститутке морду, почему она берет у тебя деньги, пусть ей дают деньги те, у кого она сосет хуй!— Трусики ты ей купил, дурак, **блядь**![638]

75. Er brüllte: „Ich polier' dieser Prostituierten die Fresse! Warum nimmt die von dir Geld? Sollen die, deren Schwanz sie auch bläst, ihr doch Geld geben! Strings hast Du ihr noch gekauft, Du Dummkopf, **Blödmann!**"

---

633 Limonov (1992), S. 296.
634 Limonov (1992), S. 341.
635 Limonov (1992), S. 388.
636 Limonov (1992), S. 416.
637 Limonov (1992), S. 504.
638 Limonov (1992), S. 523 f.

4.3.3.5 Weitere obszöne Lexeme

Wenn man die in Kapitel 2.1 aus einer Umfrage hervorgegangenen Matismen im engeren und weiteren Sinne als Grundlage nimmt, so stößt man in Limonovs Werk nur auf einige wenige derartige Lexeme. Der Euphemismus *хер* tritt nur an zwei Stellen auf, einmal als wertendes Adjektiv *херовый* und einmal als Partikel *ни хера*. Weiterhin treten als formalsexuelle Lexeme noch zehn Mal *мудак*, einmal *мудило* und zwei Mal *мудила* auf – alle mit invektiver Funktion. Das Lexem *сперма* tritt 27 Mal in seiner direkten Bedeutung auf. Skatologische Lexeme kommen ebenfalls vor. So benutzt Limonov neun Mal *говно* und sogar 14 Mal *дерьмо*. Sie sind, bis auf eine Ausnahme, die ein invektiver Ausruf ist, allesamt subjektiv-wertende Benennungen für Dinge und Abstrakta. An drei Stellen wird zudem das wertende Adjektiv *дерьмовый* verwendet. Auch das Wort *жопа* wird von Limonov an sieben Stellen gebraucht – fünf Mal in primärer Bedeutung und zwei Mal übertragen in Verbindung mit Präpositionen (через жопу, в жопе) – sowie je einmal die Verben *срать* und *ссать*. Das Verb *жрать*, welches weder (formal-)sexuell noch (formal-)skatologisch ist und in der erwähnten Umfrage als Matismus begriffen wurde – eine Meinung, die ich nicht teile – wird 13 Mal verwendet.

Zudem kommen auch eigentlich nichtobszöne Lexeme vor, die aber in obszöner Bedeutung gebraucht wurden. Da jene jedoch nicht primär Teil dieser Ausarbeitung sind, wohl aber in Kapitel 2.4.2 erwähnt wurden, werden hier einige angeführt.

76. *Он хотел затащить меня в отель «Лейтем» — у меня же об этом отеле были **херовые** воспоминания, там мы жили, когда приехали с Еленой в Америку, в номере 532, до квартирки на Лексингтон, до трагедии или в самом начале трагедии, и мне не хотелось видеть свое прошлое.*[639]
Er wollte mich ins Hotel Latham mitschleppen, aber ich hatte an dieses Hotel **beschissene** Erinnerungen. Denn da wohnte ich mit Elena in Zimmer 532, als wir in Amerika ankamen, bis zur Wohnung auf der Lexington, also bis zur Tragödie bzw. am Anfang jener. Jedenfalls wollte ich meine Vergangenheit nicht sehen.

77. *Он **ни хера** не делал, а денег у него было полно, как сказала Елена.— Откуда? Родители.*[640]

---

639   Limonov (1992), S. 409.
640   Limonov (1992), S. 510.

*Er hat **überhaupt nichts** getan, und dennoch besitzt er Unmengen an Geld, sagte Elena. Woher? Na von seinen Eltern.*

78. - Она ни хуя не может, даже **поссать** или **посрать**,— подумал я со злостью.⁶⁴¹

    *„Sie kann echt überhaupt nichts, nicht einmal **pissen** oder **scheißen**", dachte ich zornig.*

79. **Мудаков** в искусстве много, как и в других областях.⁶⁴²

    ***Vollidioten** gibt's in der Kunst eine Menge, wie auch auf anderen Gebieten.*

80. «[...] Противный брезгливый эстет!» - ругал я сам себя и, в довершение всего, замысловато называл себя **мудилой** гороховым и подонком, остановил Соню и, как мог, нежно поцеловал ее в лоб.⁶⁴³

    *„Welch widerlicher und wählerischer Ästhet!", beschimpfte ich mich selbst, und zu guter Letzt bezeichnete ich mich als dämlichen **Idioten** und als Dreckskerl. Dann hielt ich Sonja auf, und soweit ich es konnte, gab ich ihr einen Kuss auf die Stirn.*

81. Хозяин умрет, а это **говно** останется.⁶⁴⁴

    *Der Besitzer stirbt, und dieses **scheiß Gerümpel** überlebt.*

82. Черных Джон присоединяет к загрязнению. Простые люди тоже полны **говна**. Били же рабочие студентов, демонстрировавших против войны во Вьетнаме.⁶⁴⁵

    *Neger verbindet John mit Dreck (in der Welt). Und einfache Leute sind auch **scheiße**. Denn die Arbeiter schlugen Studenten, die gegen den Vietnamkrieg demonstrierten.*

83. Кажется, хорошего вина купил — сам пью всегда всякое **говно**, но это я, я всегда был умным дворняжкой, а она белая леди, ей **дерьмовое** вино пить не пристало.⁶⁴⁶

    *Es scheint so, als habe ich einen guten Wein gekauft - selber trinke ich immer irgendeine **scheiß Plörre**. Aber das bin ich, ich war ein schlauer, nicht reinrassiger Köter [- einer, der keinen großen Wert auf schickes Essen und Trinken legt -], doch sie war eine weiße Lady, für die es sich nicht schickte, **scheiß** Wein zu trinken.*

---

641 Limonov (1992), S. 367 f.
642 Limonov (1992), S. 325.
643 Limonov (1992), S. 369.
644 Limonov (1992), S. 470.
645 Limonov (1992), S. 474.
646 Limonov (1992), S. 504.

84. *Но из статей Левина, напечатанных все в том же «Русском деле», лезет на свет божий всякое **дерьмо** типа утверждений, что в СССР в хороших новых домах живут только кагэбэшники, и прочие басни.*[647]
Aber durch Levins Artikel, die alle in derselben Zeitung „Russische Sache" erschienen, kam nur göttliche, bestätigende **Scheiße** in die Gesellschaft – dass in den schönen neuen Häusern in der UdSSR nur die KGB-Mitarbeiter wohnen sowie sonstiges Gerede.

85. *За то, что живете вы скучно, продали себя в рабство службе, за ваши вульгарные клетчатые штаны, за то, что вы делаете деньги и никогда не видели света. **Дерьмо!***[648]
Weil ihr so langweilig lebt und euch als Dienstsklaven verkauft, weil ihr vulgäre karierte Hosen tragt, ihr Geld scheffelt und euch niemals ein Licht aufgeht. **Scheiße, ey!**

86. *Я выпил три стакана калифорнийского шабли из галлоновой бутылки, ужасное **дерьмо**, надо вам сказать, я бы предпочел бутылку божоле, я видел там, у Розанны, пять или семь бутылок хорошего вина осталось, зачем пить **дерьмо**, если можно пить хорошее вино?*[649]
Ich trank drei Gläser kalifornischen Chablis aus einer 4-Liter-Flasche, eine schreckliche **Plörre**! Ich muss euch sagen, eine Flasche Beaujolais würde ich schon bevorzugen. Bei Rosanne habe ich sogar noch fünf oder sieben Flaschen guten Wein gesehen. Wozu also diese **Rotze** trinken, wenn man besseren Wein trinken kann?

87. *Если бы не **дерьмовое** вино, которое я пил во время ее занудно-длинных телефонных разговоров, я бы не справился с уборкой, упал бы.*[650]
Wenn es kein **scheiß** Wein gewesen wäre, den ich während ihrer langen und nervigen Telefongespräche trank, hätte ich es nicht geschafft aufzuräumen, und wäre gestürzt.

88. *Я не стеснительный. Я часто вожусь с голой **жопой** и бледным на фоне всего остального тела членом в своей неглубокой комнатке, и мне плевать, видят они меня или не видят, клерки, секретарши и менеджеры.*[651]
Ich bin nicht schüchtern. Oft spaziere ich mit nacktem **Arsch** und im Gegenzug zum restlichen Körper blassen Dödel durch mein kleines Zimmerchen. Ich

---

647 Limonov (1992), S. 270.
648 Limonov (1992), S. 260.
649 Limonov (1992), S. 441.
650 Limonov (1992), S. 443.
651 Limonov (1992), S. 259.

scheiße darauf, ob sie, diese Bürokräfte, Sekretärinnen und Manager mich sehen oder nicht.

89. – Каждый что захочет, то и станет со своей сигаретой делать, – сказал я, – хоть выбрось или **в жопу** засунь.[652]
„Jeder macht mit seiner Zigarette, was er will", sagte ich, „nur wegwerfen oder in den Arsch stecken."

90. Сейчас мне нужно питать себя — **жрать** щи.
Jetzt muss ich mich ernähren und Šči **fressen**.

91. Я хочу начать новую жизнь, я хочу, если удастся, прямо сегодня **выспаться** с Раймоном.[653]
Ich will ein neues Leben anfangen, und ich will, wenn es gelingt, gleich heute mit Raymon **schlafen**.

92. Дело ясное, видно мало **дала**, или чуть **дала** и больше не **дает** ебаться, думал я с чудовищным хладнокровием, глядя на эту женщину, с которой вместе в ярко освещенной церкви был обвенчан по царскому обряду.[654]
Die Sache ist klar. Sie **gab** sich wenig, ja kaum **hin** und wird sich nicht mehr **hingeben**, um sich ficken zu lassen, dachte ich mit einer ungeheuerlichen Kaltblütigkeit, als ich diese Frau, mit der ich in einer hell erleuchteten Kirche nach Zarenbrauch getraut wurde, anblickte.

93. И я взял его хуй и первый раз обвел языком напряженную его **головку**.[655]
Und ich nahm seinen Schwanz und umringte mit meiner Zunge erstmalig seine pralle **Eichel**.

94. Я некоторое время поебал ее, раздражая и раздвигая хуем ее **слипшийся канал**, это было мне приятно, но хуй мой от проведенных в бессознании, может быть, шести или семи часов все же не налился в полную силу, мое воображение и голова работали куда лучше, чем мой бедный **цветок**.[656]
Ich fickte sie eine Weile, indem ich mit meinem Schwanz ihre Muschi (zusammenklebenden Kanal) erregte und auseinanderzog, was ich als angenehm empfand. Aber mein Schwanz wurde aufgrund der bereits unbewusst sechs bis sieben vergangenen Stunden nicht mehr völlig prall. Meine Phantasie und mein Kopf arbeiteten bei weitem besser als mein armer **Dödel** (Blume).

---

652 Limonov (1992), S. 396.
653 Limonov (1992), S. 309.
654 Limonov (1992), S. 510 f.
655 Limonov (1992), S. 335.
656 ebd. S. 436.

5. Abschließendes Resümee

Der Begriff *мат* steht für den obszönen Lexikon der Russischen Sprache, der eine nicht kodifizierte Varietät ist. Allerdings sind nicht alle obszönen Lexeme unter diesem Begriff subsumierbar, da Matismen streng genommen nur die vier sexuellen Primärlexeme *блядь*, *ебать*, *пизда* und *хуй* sowie deren Derivative sind. Weitere anstößige Lexeme können, wie in Kapitel 2.1 beschrieben, als Matismen im weiteren Sinne gefasst werden, worunter dann auch (formal-)skatologische Lexeme fallen. Letztendlich kann der *мат* im weiteren Sinne aber nur schwer definiert werden, da die Schwelle zum Unanständigen und Obszönen eine subjektive ist. Die wenigen wissenschaftlichen Untersuchungen sind sich in einer endgültigen Bestimmung bisher nicht einig.

Die Herkunft der Matismen ist keineswegs, wie manche Russen annehmen, bei den Tataren und anderen fremden Völkern und deren Sprachen zu suchen, sondern innerhalb des Slavischen und in Teilen sogar des Indogermanischen. Birkenrindenurkunden weisen die Verwendung der betreffenden Lexik bereits in frühen Zeiten nach. Bei vielen Lexemen sind die ursprünglichen Objektrelationen verlorengegangen. Da aber die betreffenden Lexeme innerhalb der Slavinen sehr ähnlich sind, kann versucht werden, ihre anfänglichen Bedeutungen zu interpretieren. Zudem kamen und kommen auch aus anderen Fremdsprachen obszöne Wörter ins Russische (und werden „russifiziert"). Sie können aber höchstens als Matismen im weiteren Sinne begriffen werden. Eine recht genaue und plausible Interpretation kann man der bekannten Redewendung *еб твою мать* zuschreiben, die zwar durchaus mit dem Ausspruch *Mutterficker* in Sachen Expressivität verglichen werden kann, inhaltlich aber etwas ganz anderen bedeutet. Denn es handelt sich nicht um eine Aufforderung, sondern eine Aussage, deren Agens nicht vorhanden ist. Dieser Agens scheint ein unanständiges Tier – ein Hund – gewesen zu sein, weshalb die Redewendung ursprünglich *пес еб твою мать* lautete. Dem Opponenten wurde vorgeworfen, dass seine Mutter – eine *блядь* ʹVerirrteʹ – mit einem chthonischen Wesen verkehrte und er aus dieser Verbindung entstanden sei.

Wortbildungsverfahren innerhalb des *мат*, die im Allgemeinen nicht von den Regeln der normsprachlichen Wortschöpfung abweichen, scheinen regelrecht grenzenlos zu sein, obwohl nur wenige primäre Lexeme für die Derivatbildung zur Verfügung stehen. Die häufigsten Formen, durch die Substantive, Verben, Adjektive, Adverbien, Partikeln und Interjektionen entstehen, sind dabei Affigierung, Komposition, Analogiebildung, Substantivierung von Partizipien und

Adjektiven, Akronyme und Verballhornungen. Die einzelnen Primärlexeme sind dabei unterschiedlich produktiv – sexuelle sind produktiver als skatologische und die Wurzeln *-еб-*, *-пизд-* und *-хуj-* sind besonders produktiv. Von Euphemismen werden allerdings keine souveränen Ableitungen gebildet. Letztendlich können jedoch unmöglich alle Wortbildungsmöglichkeiten (vollends) beschrieben werden, da viele Formen nur (zeitlich begrenzte) Okkasionalismen sind und der *мат* vielmehr eine mündliche und nicht kodifizierte Sprachvarietät ist.

Die Semantik des obszönen Lexikon umfasst drei Subgruppen. Diese sind a) Obszönes für Nichtobszönes, d.h. formalsexuelle und formalskatologische Lexeme, b) Nichtobszönes für Obszönes, d.h. im eigentlichen Sinne nichtsexuelle und nichtskatologische Lexeme und c) Obszönes für Obszönes, d.h. formal und inhaltlich sexuelle und skatologische Lexeme. Formalsexuelle Lexeme drücken Signifiés intensiver Natur aus, sind konnotativ und semantisch diffus. Substantive benennen kognitive Fakten und fungieren subjektiv-wertend oder quasi-pronominal. Unter den Verben, die sich zumeist als polysem erweisen, sind die formalsexuellen komplexer als die formalskatologischen. Mehrdeutige formalsexuelle Verben müssen semantisch interpretiert werden, indem man sich Rektion, lexikalische Information, den Kontext und die morphologische Struktur anschaut. Hier können Präfixe äußerst hilfreich sein. Diese Verben bezeichnen zudem im Großen und Ganzen – bis auf wenige unikale Bedeutungen – irgendwelche Bewegung von Körper(-teilen) und Objekten, negative Handlungen oder negativ konnotierte, nicht zielgerichtete Handlungen. Semantisch eindeutige formalsexuelle Verben sind nur wenige vorhanden. Dies sind Verben mit Unikalbedeutungen oder präfigierte Verben polysemer elementarer Verbformen. Formalskatologische Verben sind näher an ihrer ursprünglichen Bedeutung. Sie bezeichnen ein Verschmutzen, Verderben, Angst und Furcht sowie einige unikale Bedeutungen. Adjektive und Partizipien sind entweder in positiver oder negativer Weise wertend, ausdrucksverstärkend oder besitzen explizite Bedeutungen. Adverbien und Partikeln weder vermittels des Primärlexems *хуй* und dessen Euphemismen *хрен*, *хер* mit oder ohne Präpositionen gebildet, wobei wenige Formen auch mit *пизда* möglich sind. Sie drücken Negationen u.a. aus. Füllwörter und Interjektionen können Substantive sein, Verbformen oder auch ganze Sätze. Hier seien besonders das Lexem *блядь* und seine apokope Form *бля* sowie die Redewendung *еб твою мать* genannt. Wortverbindungen können verbal, nominal, adverbial und als Interjektionen oder Partikeln gebraucht werden. Redewendungen werden zum einen Ablehnung verwendet, indem sie dem Opponenten eine negative Handlung anraten oder androhen. Allerdings gibt es auch Redewendungen und Sprichwörter, in denen obszöne Lexeme buchstäblich oder übertragen verwendet werden.

In der Subgruppe *Nichtobszönes für Obszönes* werden die Geschlechtsorgane und der Geschlechtsakt bezeichnet. Dabei werden Geschlechtsorgane durch von der Form und Funktion ähnliche Lexeme wiedergegeben. Selten sind Tier-, Personen- und andere Bezeichnungen. Der Geschlechtsakt wird oft mit Verben aus dem Signifié *Gewalt* und *Handwerk* beschrieben. Die Frau ist dabei eher die passive, während der Mann die aktive Rolle einnimmt. Heutzutage kann allerdings auch – wie sich bei Limonov zeigt – eine Frau die aktive Rolle übernehmen oder der Mann die passive, wobei diese Verben dann im Bereich der Homosexualität Verwendung finden.

Die Subgruppe *Obszönes für Obszönes* erscheint bei Weitem nicht so komplex wie jene der formalsexuellen und formalskatologischen Lexeme. Allerdings lässt sich auch hier feststellen, dass der Bereich der sexuellen Lexeme größer ist als der der Skatologismen. Sexuelle Lexeme bezeichnen Geschlechtsorgane, den Geschlechtsakt, Sexualpraktiken und Eigenschaften von Personen und Dingen, weniger Personen, Dinge und Abstrakta. Skatologische Lexeme bezeichnen das Gesäß, Personen, Körperausscheidungen und deren Vorgänge, Eigenschaften von Dingen und Personen sowie selten Geschlechtsorgane.

Zu den Funktionen des мат lässt sich sagen, dass er erst einmal Sexuelles und Skatologisches betitelt sowie Expressivität schafft. Er kann zum Abreagieren seelischer Konflikte und zur Katharsis genutzt werden, verstärkt Gesagtes, zeigt Emotionalität auf, dient als Schimpfsprache und kann auch Wörter miteinander verbinden. Man kann ihn pubertär verwenden, aber auch, um sexuelle Diskrepanzen zu überzeichnen. Nicht zuletzt ist es auch möglich, Freude darzustellen und ihn verhöhnend zu gebrauchen. Dabei muss beachtet werden, wie Tolstaja anfangs in ihrer Meinung über den мат beschreibt, dass er seine Wirkung nur dann hinreichend erfülle, wenn er rar verwendet werde. Je weniger man ihn ergo nutzt, desto „würziger" ist er, und je mehr man ihn verwendet, desto mehr wird seine Wirkung und Funktion dadurch entschärft.

Die Verwendung und Verbreitung von Matismen wurde bisweilen nur mäßig erforscht. Dennoch kann postuliert werden, dass der мат eine ubiquitäre Sprachvarietät darstellt. Jeder Russe und auch jede Russin versteht ihn, egal welchem sozialen Milieu er oder sie zuzuordnen ist, da man bereits als Kind durch Hören Matismen lernt. In der prärevolutionären und postrevolutionären Zeit wurden Matismen aus der Schriftsprache entfernt, obwohl sie in manchen Genres schon immer vertreten waren. Nichtsdestotrotz gelang mit Gründung der UdSSR der мат auch in die Intelligenz und in den letzten Jahren der Sowjetunion galten Matismen sogar als chic. Politiker, Schauspieler und andere Künstler machten von ihm Gebrauch. Dennoch kann festgestellt werden, dass er unter bestimmten

Voraussetzungen eher verwendet wird. Dies sind beispielsweise Ort, Alter, Geschlecht, Anwesenheit fremder Personen, Hierarchie-Verhältnisse oder ein etwaiger Rauschzustand. Überwiegend sind es Männer in handwerklichen Berufen, Kriminelle, Alkoholiker und (ehemalige) Lagerinsassen, die ihn verwenden. Aus meinem persönlichen Umfeld sind mir aber auch gebildete Männer und Frauen bekannt, die keiner körperlichen Arbeit nachgehen und Matismen nicht nur verstehen, sondern ebenso (unterschiedlich stark) anwenden, um Emotionen Ausdruck zu verleihen und sich von der „Zwangsjacke der Gesellschaft" zu befreien.

Matismen waren und sind dabei schon lange in jeglicher Hinsicht – besonders im öffentlichen Bereich – tabuisiert. Dennoch scheinen die betreffenden Lexeme erst mit der Christianisierung dem Tabu zum Opfer gefallen zu sein. In der Sowjetunion tat man so, als existierten Matismen nicht, Publikationen und Untersuchungen waren verboten oder wurden streng geheim gehalten. Sein publike Verwendung wurde mit Parteirügen, Verweisen, Lohnkürzungen, Ordnungshaft oder Geldstrafen geahndet. Dennoch begann mit dem Tauwetter eine leichte Liberalisierung, die mit der Politik von Perestrojka und Glastnost' noch einmal verstärkt wurde. Waren zunächst nur leichte Aussagen wie „К черту!" möglich, so konnten nun (langsam) auch betreffende Lexeme mit Gedankenpunkten versehen werden. Später wurden dann sogar die kompletten Lexeme abgedruckt oder in Filmen und anderen Medien ausgesprochen. Der *мат* scheint aufgrund dieser Entwicklung auch eine Reflexion des Demokratisierungsprozesses zu sein, der heute (wieder) zu hinterfragen ist. Denn die Verwendung von Matismen steht wieder unter Strafe. So ist es an öffentlichen Orten nicht gestattet, ihn zu verwenden. Im Mai 2013 beschloss die Staatsduma zusätzlich ein Gesetz, das den Gebrauch von Matismen in den Massenmedien verbietet, unterschiedlich stark ahndet und zugleich umstritten ist. Nichts desto weniger ist der *мат* eine vitale Sprachvarietät, die jedwede Tabuisierung und Verbote überlebt.

Eine besondere Herausforderung stellt die Übersetzung von Matismen in andere Sprachen dar. Denn parallele Lexeme scheint es in anderen Sprachen kaum zu geben. Können formal und inhaltlich obszöne Lexeme noch (recht) buchstäblich übertragen werden, so ergibt sich bei rein formalsexueller und formalskatologischer Lexik die Schwierigkeit, den inhaltlichen und formellen Charakter in die Fremdsprache zu übersetzen. Zum einen besteht hier die Möglichkeit zur Nonsens-Wortschöpfung, aber zum anderen muss darauf geachtet werden, dass Übersetzungen auch verständlich sind. Es muss auf die Funktion des jeweiligen Matismus geachtet werden und eine gleichartig (invektive) Übersetzung gefunden werden, die nicht zwingend den gleichen formellen Charakter tragen muss. Eine Übersetzung ist gerade an dieser Stelle nicht nur eine linguistische Angelegenheit sondern ebenso eine äußerst kulturelle. Bei der Übersetzung ins Deutsche ist dabei festzustellen, dass die reichlichen obszönen Begriffe, die zumeist formalsexuell sind, im Deutschen – wenn möglich – mit skatologischen Lexemen übersetzt werden können. Oft ist allerdings eine deutsche obszöne Variante gar nicht oder nur schwer möglich, worunter die Übersetzung leidet. Wie sehr man es versuchen mag, *fötzeln* für *пиздеть* ist keine Übersetzung.

Der Roman *Это я – Эдичка* des nationalbolschewistischen Skandalautors Ėduard V. Limonov ist eine besondere Herausforderung für jeden Übersetzer. Denn sein Roman strotzt vor Matismen, was einen parasitären Gebrauch nahelegt. Kaum eine Seite seines Werks kommt ohne betreffende Lexeme aus, die zumeist in ihrer primären Bedeutung gebraucht werden, d. h. um sexuelle – und seltener skatologische – Signifikanten zu betiteln. Dabei scheint Limonov ein Tabu brechen zu wollen, das den Genital- und Analbereich betrifft, der auch nur mit solcher Lexik benannt werden kann. Eine expressive Verwendung dieser Begriffe ist meines Erachtens von Limonov hier nicht gewollt. Sie würde zudem aufgrund der massiven Verwendung bereits nach kurzer Zeit verloren gehen. Die rein formalsexuellen und formalskatologischen (und in Teilen auch die sowohl inhaltlich als auch formal sexuellen und skatologischen) Lexeme fungieren als Katharsis und ausdrucksverstärkend, um Emotionen und subjektive Wertungen schriftlich auszudrücken. Insgesamt beschreibt sein Roman aufgrund der tabuisierten Lexeme vortrefflich das Leben eines jungen nymphomanischen Mannes, der sich in der Emigration ein besseres Leben erhofft, aber bereits nach kurzer Zeit feststellen muss, dass das Leben sowohl in der UdSSR als auch in den USA hart ist.

Пиздец!

Abkürzungsverzeichnis

atsch.	–	alttschechisch
beloruss.	–	belorussisch
bulg.	–	bulgarisch
dt.	–	deutsch
eigentl.	–	eigentlich
engl.	–	englisch
frz.	–	französisch
griech.	–	griechisch
indogerm.	–	indogermanisch
ital.	–	italienisch
jdn.	–	jemanden
jdm.	–	jemandem
jidd.	–	jiddisch
lat.	–	lateinisch
mak.	–	makedonisch
niedersorb.	–	niedersorbisch
poln.	–	polnisch
russ.	–	russisch
serbokr.	–	serbokroatisch
sloven.	–	slovenisch
tsch.	–	tschechisch
ukr.	–	ukrainisch
urslav.	–	urslavisch

Literaturverzeichnis

Printquellen:

- Achmetova, T. V. (Hrsg.): *Russkij mat. Tolkovyj slovar'.* Moskau: Kolokol-Press 2000.
- Barykina, A. N., Dobrovol'skaja, V. V. u. Merzon, S. N.: *Isučenie glagol'nych pristavok.* 3. korr. u. erg. Aufl. Moskau: Russkij jazyk 1989.
- Carrère, Emmanuel: *Limonow,* übers. von Hamm, Claudia. Berlin: Matthes & Seitz 2012.
- Devkin, V. D.: *Bezobraznoe v éstetike obichognogo jazyka.* In: Žel'vis, V. I. (Hrsg.): *Zlaja laja maternaja... Sbornik statej.* Moskau: LADOMIR 2005. S. 288-304.
- Devkin, V. D.: *Der russische Tabuwortschatz. Russkaja snižennaja leksika.* Leipzig [u.a.]: Langenscheidt. Verlag Enzyklopädie 1996.
- Ermen, Ilse: *Der obszöne Wortschatz im Russischen: Etymologie – Wortbildung – Semantik – Funktionen.* München: Verlag Otto Sagner 1993 (= Specimina philologiae Slavicae; 98).
- Harders, Ann-Cathrin: *Suavissima soror. Untersuchungen zu den Bruder-Schwester-Beziehungen in der römischen Republik.* München: C.H. Beck 2008 (= Vestigia; 60).
- Irzabekov, V. D.: *Čto takoe mat?.* In: Šapošnikova, N. (Hrsg.): *Skvernoslovie – oružie massovogo poraženija. Nevinnaja privyčka ili smertnyj grech?.* Moskau: Danilovskij blagovestnik 2011. S. 132-136.
- Karpov, A. V.: *Černaja bran' (slovo o russkom mate).* In: Šapošnikova, N. (Hrsg.): *Skvernoslovie – oružie massovogo poraženija. Nevinnaja privyčka ili smertnyj grech?.* Moskau: Danilovskij blagovestnik 2011. S. 137-156.
- Koester-Thoma, Soia: *Sprachliche Varietät im Tabu. Zur obszönen Lexik des Russischen.* In: Mokienko, V. M.: *Slovar' russkoj brannoj leksiki. Matizmy, obscenizmy, évfemizmy.* Berlin, Blankenfelde: Dieter Lenz 1995. S. 147-151.
- Kveselevič, D. I.: *Samyj polnyj slovar' nenormativnoj leksiki.* Moskau: Astrel': AST 2011.
- Levin, J. I.: *Izbrannye trudy. Poètika. Semiotika.* Moskau: Jazyki russkoj kul'tury 1998.
- Limonov, È. V.: *Inostranec v smurtoe vremja. Èto ja – Èdička.* Omsk: knižnoe izdatel'stvo 1992.

- Michajlin, V. J.: *Russkij mat kak mužskoj obscennyj kod: Problema proischoždenija i ėvoljucija statusa.* In: Žel'vis, V. I. (Hrsg.): *Zlaja laja maternaja... Sbornik statej.* Moskau: LADOMIR 2005. S. 69–137.
- Mokienko, V. M. u. Nikitina, T. G.: *Russkoe skvernoslovie. Kratkij, no vyrazitel'nyj slovar'.* Moskau: OLMA Media Grupp 2008.
- Mokienko, V. M. u. Nikitina, T. G.: *Slovar' russkoj brani. Matizmy, obscenizmy ėvfemizmy. 4400 slov i ustojčivych sočetanij.* Sankt Petersburg: Norint 2004.
- Oxen, V.: *Über die Eigenschaft, russisch zu sein. Kulturspezifische Besonderheiten der Russinnen und Russen. Band 2.* Stuttgart: ibidem-Verlag 2001.
- Ožegov, S. I.: *Tolkovyj slovar' russkogo jazyka. Okolo 100000 slov, terminov i fraseologičeskich vyraženij.* 26. korr. u. erw. Aufl. Moskau: ONIKS Mir i obrazovanie 2010.
- Plucer-Sarno, A. J.: *Bol'šoj slovar' mata. Tom pervyj.* Sankt Petersburg: Limbus Press 2005a.
- Plucer-Sarno, A. J.: *Zametki o russkom mate.* In: Žel'vis, V. I. (Hrsg.): *Zlaja laja maternaja... Sbornik statej.* Moskau: LADOMIR 2005b. S. 162–205.
- Rjabov, A. K.: *Uši v trubočku. Ėnciklopedija russkoj brani i skvernoslovija.* Bernaul: Altajskij poligrafičeskij kombinat 2002.
- Timroth, Wilhelm von: *Russische und sowjetische Soziolinguistik und tabuisierte Varietäten des Russischen (Argot, Jargons, Slang und Mat).* München: Verlag Otto Sagner 1983 (= Slavistische Beiträge; 164).
- Zacharova, L. D.: *Každyj dročit, kak on chočet (ob istorii i proischoždenii nekotorych neliteraturnych slov).* In: Il'jasov, F. N.: *Russkij MAT. Antologija.* Moskau: Dom Lada M 1994. S. 168–174.
- Žel'vis, V. I.: *Invektiva kak „nauka ubeždat'". Bran' v arsenale politikov i filosofov.* In: Žel'vis, V. I. (Hrsg.): *Zlaja laja maternaja... Sbornik statej.* Moskau: LADOMIR 2005. S. 232–287.
- Žel'vis, V. I.: *Nabljudaja za russkimi. Skrytye pravila povedenija.* Moskau: RIPOL Klassik 2011.

Internetquellen:

- Arceva, Ol'ga: Ėduard Limonov prizyvaet rossijan ne chodit' na vybory 8 sentjabrja (02.09.2013), URL: http://argumenti.ru/politics/2013/09/280786 (Abruf am 08.09.2013).
- Astapkovič, Vladimir: Limonova snova zaderžali (31.08.2013), URL: http://www.interfax.ru/russia/txt.asp?id=326342 (Abruf am 08.09.2013).

- Jakovlena, Julia: LGBT-soobščestvo budet dobivat'sja zapreta na v"esd rossijskich gomofobov v Evropu i SŠA (04.09.2013), URL: http://www.rbcdaily.ru/society/562949988774429 (Abruf am 08.09.2013).
- Kalinina, Ol'ga u. Trosnikova, Dar'ja: Gosduma prinjala zakon o štrafach za mat v SMI (19.03.2013), URL: http://www.kommersant.ru/doc/2150006 (Abruf am 06.08.2013).
- Konjaev, Andrej: Zapretnaja filologija (02.04.2013), URL: http://ibigdan.livejournal.com/12777565.html (Abruf am 06.08.2013).
- Kovalev, G. F.: Russkij mat – Sledstvie uničtoženija tabu (2005), URL: ec-dejavu.ru/m/Mat.html#kovalev (Abruf am 06.08.2013).
- Ljudi: Èduard Limonov. Eduard Limonov (09.09.2008), URL: http://www.peoples.ru/art/literature/prose/roman/limonov/index1.html (Abruf am 08.09.2013).
- Piegsa, Oskar: Extremisten-Biographie „Limonow": Pussy Riots düsterer Vorgänger (31.08.2012), URL: http://www.spiegel.de/kultur/literatur/rezension-von-emmanuel-carreres-limonow-a-851424.html (Abruf am 08.09.2013).
- Prilepin, Zachar: Biografia. Ego imja – Èduard Limonov, URL: http://limonov2012.ru/biography.html (Abruf 08.09.2013).
- Pronin, Nikolaj: Èduard Limonov ne možet učastvovat' v vyborach prezidenta 2012 (30.12.2011), URL: http://sobesednik.ru/news/eduard-limonov-ne-smozhet-uchastvovat-v-vyborakh-prezidenta-2012 (Abruf am 08.09.2013).
- RSN: Èduard Limonov vystupil protiv zapreta prodaži memuarov Gebbel'sa (19.08.2013), URL: http://www.rusnovosti.ru/news/277715/ (Abruf am 08.09.2013).
- Russkij mat s Alekseem Plucerom-Sarno. Bol'šoj Petrovskij Zagib. 4 varianta, URL: http://plutser.ru/barkoviana/zagib_petr/zagib_bolshoj_petra (Abruf am 17.08.2013).
- Russkij mat s Alekseem Plucerom-Sarno. Malyj Petrovskij Zagib. 6 variantov, URL: http://plutser.ru/barkoviana/zagib_petr/zagib_malyj_petra (Abruf am 17.08.2013).
- Schneider, Felix: Eduard Limonow, Held der östlichen Welt (13.02.2013), URL: http://www.srf.ch/kultur/literatur/eduard-limonow-held-der-oestlichen-welt (Abruf am 07.09.2013).
- Teksty pesen: Tekst pesni Leningrad – Bez mata, URL: http://textpesni.org/ленинград-без-мата/ (Abruf am 17.09.2013).
- Vikicitatnik: Michail Sergeevič Gorbačëv, URL: http://ru.wikiquote.org/wiki/Михаил_Сергеевич_Горбачёв (Abruf am 03.09.2013).

www.ingramcontent.com/pod-product-compliance
Lightning Source LLC
Chambersburg PA
CBHW052026290426
44112CB00014B/2400